高职高专小学教师培养系列教材

# 小学教育学

## （第4版）

◎主　编　曾文婕

中国教育出版传媒集团
高等教育出版社·北京

内容提要

本书是国家级精品资源共享课配套教材。书中阐述了"小学教育源流""小学教育特性""小学生""小学教师""小学教育目标""小学教育内容""小学教育活动""小学教育环境""小学教育评价"等小学教育的基本问题。本书突显小学教育学的学科范畴和核心问题，联系当前小学教育改革发展的新形势和新要求撰写，既有利于提升学生的理论素养，又有利于启迪学生的实践智慧。

本书在充分考虑高等职业院校学生的发展特点和学习需要的基础上进行编写，突出小学教育学的学科特性，展现小学教育理论研究与实践的最新发展动向；在体例上，每章设置"思维导图""学习目标""小学写真""案例分析""学习活动""学习评估""扩展阅读""反思·探究·对话"栏目，在边白处设置教师资格考试考点，还以二维码方式提供微课及拓展学习资料、试题，便于学生学习。本书配套大量辅助教与学的资源，学习者还可登录"爱课程"网，在"资源共享课"页面查找本课程，学习全部课程视频、教学课件、案例素材等。

本书主要作为高等职业院校小学教育专业教材，也可作为教育研究人员和广大小学生家长的参考用书。

**图书在版编目（CIP）数据**

小学教育学 ／ 曾文婕主编．-- 4 版．-- 北京 ： 高等教育出版社，2024.11．-- ISBN 978-7-04-062631-5

Ⅰ．G620

中国国家版本馆CIP数据核字第202448NX48号

小学教育学（第4版）
Xiaoxue Jiaoyuxue

| | | | | | | | |
|---|---|---|---|---|---|---|---|
| 策划编辑 | 王雅君　肖冬民 | 责任编辑 | 陈雨潆 | 封面设计 | 姜　磊 | 版式设计 | 杜微言 |
| 责任绘图 | 马天驰 | 责任校对 | 马鑫蕊 | 责任印制 | 耿　轩 | | |

| | | | |
|---|---|---|---|
| 出版发行 | 高等教育出版社 | 网　址 | http://www.hep.edu.cn |
| 社　　址 | 北京市西城区德外大街 4 号 | | http://www.hep.com.cn |
| 邮政编码 | 100120 | 网上订购 | http://www.hepmall.com.cn |
| 印　　刷 | 北京市联华印刷厂 | | http://www.hepmall.com |
| 开　　本 | 787 mm×1092 mm　1/16 | | http://www.hepmall.cn |
| 印　　张 | 12 | 版　次 | 2007 年 8 月第 1 版 |
| 字　　数 | 260 千字 | | 2024 年 11 月第 4 版 |
| 购书热线 | 010-58581118 | 印　次 | 2024 年 11 月第 1 次印刷 |
| 咨询电话 | 400-810-0598 | 定　价 | 28.00 元 |

# 高职高专小学教师培养系列教材
# 总序

　　教师是教育发展的第一资源，也是国家富强、民族振兴、人民幸福的重要基石。2018年9月10日，习近平总书记在全国教育大会上系统总结了推进我国教育改革发展的"九个坚持"，其中特别强调了"坚持把教师队伍建设作为基础工作"。党的二十大报告强调，加快建设教育强国，培养高素质教师队伍。教材建设作为教师培养的基础和保障，承载着培根铸魂、启智增慧的使命。习近平总书记指出，要抓好教材体系建设。从根本上讲，建设什么样的教材体系，核心教材传授什么内容、倡导什么价值，体现国家意志，是国家事权。为贯彻落实习近平总书记关于职业教育工作和教材工作的重要指示批示精神，落实《职业院校教材管理办法》等政策措施，适应我国小学教育现代化发展的迫切需要，满足教育事业高质量发展对高素质小学教师的需求，高等教育出版社结合师范类专业认证实施办法及小学教师专业标准等，针对新时代小学教师岗位的新要求，全面推进高职高专小学教师培养系列教材的建设工作。

　　本系列教材建设充分吸收以下方面的精华：（1）教育部师范教育司自2003年组织专家审定、高等教育出版社陆续出版并不断修订完善，现被广泛使用的高等院校小学教育专业教材；（2）"十三五"以来特别是"十四五"期间高职高专教育学类专业建设成果，如国家级精品资源共享课、国家级职业教育专业教学资源库等；（3）我国小学教师培养的理论研究成果与实践探索经验。本系列教材依据高职高专小学教育专业群的设置及相应专业教学标准，聚焦专业基础课和专业课，突出专业主干课程，服务师范生的教育教学能力与专业素养培养。编写队伍包含专业领域专家、教科研人员、一线教师，涉及跨本、专科院校两个层次的众多专家学者，包括义务教育课程标准修订组及国家级精品资源共享课、国家级职业教育专业教学资源库等团队的核心成员。

　　本系列教材编写体现出以下原则及特色：

　　1. 体现党和国家意志

　　本系列教材建设注重"一坚持五体现"，即坚持马克思主义指导地位，体现马克思主义中国化要求，体现中国和中华民族风格，体现党和国家对教育的基本要求，体现国家和民族基本价值观，体现人类文化知识积累和创新成果。教材编写以习近平新时代中国特色社会主义思想为指导，融入党的二十大精神，全面贯彻党的教育方针，落实立德树人根本任务，力图充分发挥教材培根铸魂、启智增慧的育人功能。

2. 体现新时代教师培养理念与要求

本系列教材建设贯彻党和国家对新时代高素质专业化创新型教师培养要求，贯彻教师"一践行三学会"（践行师德、学会教学、学会育人、学会发展）的要求，体现师德为先、学生为本、能力为重、终身学习理念，遵从产出导向，结合小学教师职业的基础性、综合性、实践性特点，促进高职高专师范生系统掌握教师专业知识和专业技能；有机融入教育家精神和优秀教师事迹，助力师范生养成高尚师德；引入儿童教育案例和生活场景，建构"儿童取向"的教材内容体系，培养师范生促进儿童生命健康成长的能力。

3. 突出职业教育特色

本系列教材建设依据职业教育规划教材建设实施方案及相关专业教学标准开展，编写科学先进、积极向上、针对性强的内容，遵照高职高专教育类专业学生学习年限特点和学习规律，强调理论和实践统一，并着重突出实践性。教材编写尤其注重落实职业教育教师、教材、教法改革要求，创新教材内容与形式。在教材中，除了阐述基本理论、基本知识、基本方法外，穿插设置问题导入、案例学习、实践活动、拓展阅读等栏目，促进学生开展项目学习、案例学习，设置教学一线、教师技能训练、教师资格考试链接等内容，满足"岗课赛证"育人模式及教师教学技能培养要求。

4. 打造新形态教材

本系列教材的建设适应"互联网＋职业教育"的发展需求和新时代高职高专师范生的学习特点，打破学科逻辑，以教育问题解决能力训练为导向，设计教材内容体系，并落实"以学生为本"的教育理念，系统设计融导学、知识学习、技能训练、资源支撑、教学评价为一体的教材体系，体现学一思一行的教师培养规律；以二维码技术为支撑，一体化设计、同步推进教材、数字资源建设，最终形成编排科学、资源丰富、呈现形式灵活、信息技术应用适当的新形态教材。

我们期待本系列教材能为新时代高质量小学教师培养助力，为高职高专师范专业建设贡献力量。

# 前言

中国特色社会主义已经进入新时代，面向新方位、新征程、新使命，需要培养高素质专业化创新型的小学教师。本书积极落实国家教材委员会印发的《习近平新时代中国特色社会主义思想进课程教材指南》的要求，推进党的二十大精神进教材、进教师头脑，引导教师扎根中国大地，提升专业水平，为小学教育的高质量发展贡献力量。本书在教育部教师工作司组织专家审定的《小学教育学》教材基础上修订编写而成，专门用作高职高专小学教师培养教材，具有以下特点：

第一，考虑高职高专学生发展需要，在内容结构上突出小学教育的核心问题和主要范畴。本书以小学教育的结构要素和小学教育的活动过程为基本线索，形成涵括"小学教育源流""小学教育特性""小学生""小学教师""小学教育目标""小学教育内容""小学教育环境""小学教育活动""小学教育评价"的内容体系。这些都是精心选择的、小学教师必须掌握的基本内容。本书既以传统经典内容为根基，又注重追踪当代小学教育研究的发展前沿，帮助学生了解国内外新的研究成果。

第二，立足高职高专应用型和技能型人才培养要求，在选材上致力于实现理论与实践、传统与新论的统一。本书既体现基础性，以基本原理为主线，帮助学生形成对小学教育的理论认识；又体现实用性，反映当下小学教育改革实践进展，如介绍《义务教育课程方案（2022年版）》和2022年版各学科课程标准的主要理念与内容，促进学生发现、分析和解决小学教育领域的实际问题。

第三，结合高职高专学生学习特点，在体例上力争满足学生多样化的学习需要。

每章体例设计如下表。

表 教材体例设计说明

| 位置 | 栏目 | 作用 |
| --- | --- | --- |
| 章前 | 思维导图 | 引领学生对本章内容形成整体认识 |
|  | 学习目标 | 使学生清晰认识本章学习目标，便于有针对性地开展学习 |
|  | 小学写真 | 通过生动的小学实例提升学生的学习兴趣 |

续表

| 位置 | 栏目 | 作用 |
|---|---|---|
| 章内 | 案例分析 | 帮助学生将理论与实践相联系，活跃思维，深入理解重点内容并突破学习难点 |
| | 学习活动 | |
| 章后 | 学习评估 | 帮助学生了解自己对本章的学习情况 |
| | 扩展阅读 | 帮助学生开阔视野，拓宽思路 |
| | 反思·探究·对话 | 引导学生探究小学教育领域的实际问题 |

在思维导图中，文中凡涉及关键知识点之处，均加"做笔记 ✎"图标；凡涉及技能点之处，均加"放大镜 🔍"图标。另外，边白处设计有二维码链接资源和教师资格考试考点，满足学生多样化的学习需要。授课教师若需要教学课件可联系责任编辑陈老师（chenym@hep.com.cn）

全书由华南师范大学曾文婕完成修订编写。在编写过程中，本书参考和引用了大量的中外论著，特此向作者表达衷心感谢！高等教育出版社编辑们一直关心本书编写并提供了一系列建设性的意见和建议，特此致以深深的谢意！也恳请各位专家和广大读者就本书的不足之处提出宝贵的建议。

编者

2024 年 6 月 28 日

# 目录

# 第一章　小学教育源流

## 思维导图

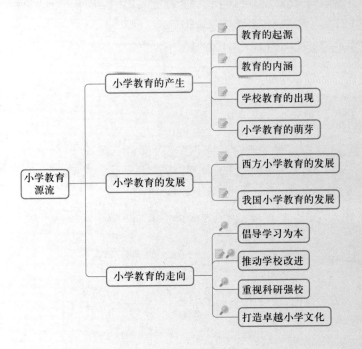

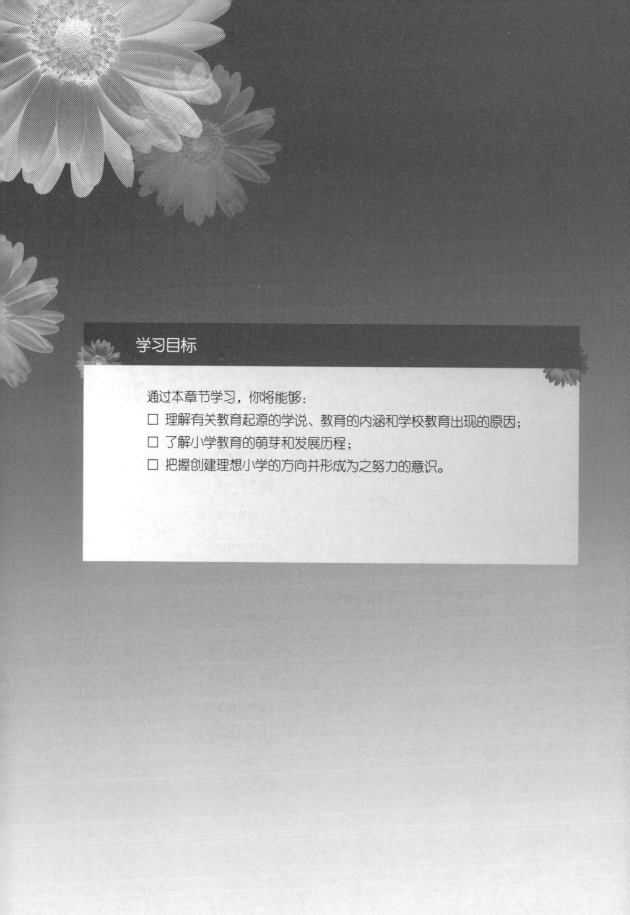

## 学习目标

通过本章节学习，你将能够：

☐ 理解有关教育起源的学说、教育的内涵和学校教育出现的原因；

☐ 了解小学教育的萌芽和发展历程；

☐ 把握创建理想小学的方向并形成为之努力的意识。

## 我国小学教育发展状况 [1]

2023 年是全面贯彻党的二十大精神的开局之年，是实施"十四五"规划承上启下的关键一年。在党中央、国务院坚强领导下，教育系统坚持以习近平新时代中国特色社会主义思想为指导，深入学习贯彻习近平总书记关于教育的重要论述，贯彻落实党的二十大和二十届二中全会精神，牢牢把握教育的政治属性、人民属性、战略属性，锚定教育强国建设目标，扎实推动教育事业高质量发展，并取得新突破。具体而言，2023 年我国小学教育事业发展数据如下。

全国共有普通小学 14.35 万所，比上年减少 5 645 所，下降 3.79%。另有不计校数小学教学点 6.60 万个，比上年减少 10 924 个。

小学阶段招生 1 877.88 万人，比上年增加 176.5 万人，增长 10.37%；在校生 1.08 亿人，比上年增加 103.97 万人，增长 0.97%；毕业生 1 763.49 万人，比上年增加 22.88 万人，增长 1.31%。

小学阶段教育专任教师 [2] 665.63 万人；生师比 16.28∶1；专任教师学历合格率 [3] 99.99%；专任教师中本科以上学历比例 78.03%。

小学共有校舍建筑面积 90 451.24 万平方米，比上年增加 1 489.44 万平方米。设施设备配备达标的学校 [4] 比例情况分别为：体育运动场（馆）面积 94.26%，体育器械 97.44%，音乐器材 97.22%，美术器材 97.20%，数学自然实验仪器 96.93%。各项比例比上年均有提高。

小学阶段共有班级 283.55 万个，比上年减少 1.20 万个。56 人以上大班和超大班 1.41 万个，比上年增加 296 个，占总班数的比例 0.50%，比上年增长 0.02 个百分点。其中，66 人以上的超大班 370 个，比上年减少 3 个，占总班数的比例 0.01%。

小学教育在人类历史上很早就已出现，但小学教育的发展则经历了一个漫长的过程，当前已孕育出新的发展走向。

---

[1] 资料来自中华人民共和国教育部发布的《2023 年全国教育事业发展统计公报》。

[2] 小学阶段教育专任教师是指在普通小学、小学教学点、九年一贯制学校小学段、十二年一贯制学校小学段和其他学校附设小学班中承担小学教育的专任教师。不包括上述学校附设其他层级教育教学班的专任教师。

[3] 专任教师学历合格率，是指某一级教育具有国家规定的最低学历要求的专任教师数占该级教育专任教师总数的百分比。各级教育教师的最低学历要求，参照《中华人民共和国教师法》中的相关规定：取得小学教师资格，应当具备中等师范学校毕业及其以上学历。

[4] 设施设备配备达标的学校，是指体育运动场（馆）面积、体育器械配备达到《教育部卫生部财政部关于印发国家学校体育卫生条件试行基本标准的通知》（教体艺〔2008〕5 号）的相关标准；音乐器材配备、美术器材配备、数学自然实验仪器配备、理科实验仪器配备等达到各省、自治区、直辖市规定的仪器配备相关标准。含小学、初中和普通高中。

## 第一节　小学教育的产生

本节知识点：教育的起源；教育的词源及词义；学校教育的出现；小学教育的萌芽

视频：小学教育的产生

小学教育是学校教育的一种表现形态。分析小学教育的产生，需要从教育的起源和学校教育的出现谈起。

### 一、教育的起源

人类教育产生于原始社会。关于教育的起源，比较有代表性的观点有生物起源说、心理模仿说、劳动决定说和生活需要说。从根本上看，这些观点并不是相互矛盾和对立的，它们说明了人类教育起源的种种可能性。

#### （一）生物起源说

生物起源说有两种代表性观点，即生存竞争说和生物冲动说。前者的代表人物是法国哲学家和社会学家利托尔诺（Létourneau，C.），后者的代表人物为英国教育家沛西・能（Percy Nunn，T.）。

利托尔诺在《各人种的教育演化》中指出，教育不仅仅是人类社会的专有活动，也是动物界普遍存在的基本活动。动物为了在生存竞争中取胜，也会产生教育活动，人类教育活动只不过是这种生存竞争的延续和人类社会中不断改变与演进的结果。

沛西・能则说："教育从它的起源来说，是一个生物学的过程。……我把教育称之为生物学的过程，意思是说，教育是与种族需要相应的种族生活天生的而不是获得的表现形式；教育既无待周密的考虑使它产生，也无须科学予以指导，是扎根于本能的不可避免的行为。"[1] 因此，"生物的冲动是教育的主要动力"[2]。

#### （二）心理模仿说

美国教育家孟禄（Monroe，P.）在其《教育史教科书》中，从人类学和心理学角

---

[1] 王承绪. 沛西・能［M］//赵祥麟. 外国教育家评传：第3卷. 上海：上海教育出版社，1992：374.

[2] 王承绪. 沛西・能［M］//赵祥麟. 外国教育家评传：第3卷. 上海：上海教育出版社，1992：374.

度出发，对人类教育的起源和发生过程进行了专门而详细的论述。

在孟禄看来，无意识的模仿，是推动人类教育起源的最初动因。他指出，在整个原始社会初期，教育发生的基础是"最非理性的"和"纯粹是无意识的模仿"，至多也不过是用"重复模仿"去"尝试成功"；而只有当"模仿的过程变成了有意识的过程时，教育才真正产生了"。[①]

### （三）劳动决定说

劳动创造了人本身。[②] 只有从恩格斯的这个著名的原理出发，我们才能够了解教育的起源——教育是在劳动过程中产生的。

教育的劳动决定论者认为，人类社会活动开始于"正在形成的人"，他们为满足自身生存、繁衍的自然需要而进行群体劳动，正是这种劳动将其改造成"完全形成的人"，最终形成了人类社会。劳动实践是人们认识的主要源泉，是人类知识的主要来源，是手、脑等生理结构进一步完善并通过遗传途径把经验传递给后代的必要条件。所以，劳动也就成为人类教育产生的原始动因。

### （四）生活需要说

生活需要说认为，教育起源于人类实际生活需要。这与劳动决定说有些相似，其代表人物是中国教育理论家杨贤江。

杨贤江在《新教育大纲》中指出，教育的发生就只植根于当时当地的人民实际生活的需要；它是帮助人开展社会生活的一种手段。书中还提到，所谓生活，一方面是衣、食、住需要的充分满足，另一方面是知识才能的自由发展；此外，这种生活是集体的、社会的，绝不是孤立的、个人的。自有生活，便有教育。不过生活的需要随时随地会发生变化，教育的资料与方法也跟着需要变迁。[③]

## 二、教育的内涵

小学教育学由教育学的概念衍生而来，它指向小学教育这个特殊阶段。所以，我们首先要对"教育"进行词源考察，并明确"教育"的含义。

### （一）词源

在我国古代，人们主要使用"教"和"学"这两个词述说教育。甲骨文的"教"是"𢼨"。其左上角的符号"爻"是八卦的长短横，在《易经》中用来占卜天地变化和人世的祸福吉凶。爻的另一种解释是绳索，困扰。综合以上两种说法，爻可以引申为人类千百年来累积起来的生产生活经验，在教育活动中，它指教育内容。子这个符

---

① 夏之莲. 外国教育发展史料选粹：上册［M］. 2 版. 北京：北京师范大学出版社，1999：5.
②《马列著作选读·哲学》编写组. 马列著作选读·哲学［M］. 北京：人民出版社，1988：386.
③ 杨贤江. 杨贤江教育文集［M］. 北京：教育科学出版社，1982：413-414.

号代表小孩。ᐟ代表成人手持鞭子或棍子，意思是成人手拿教鞭。因此，甲骨文"教"就是成人手拿教鞭压迫、监督小孩学习之义。可见，"教"的本义为学习者在教育者的示范鞭策下学习、觉悟。[①] 许慎在《说文解字》中所界定的"教"和"育"的词义是："教，上所施，下所效也""育，养子使作善也"。

"教育"一词的英文是 education，源自拉丁文 educere，这个词由 e 和 ducere 构成，e 指从某个地方出来，ducere 指引导，二者合起来就有"启发、引导"之义。从词源上说，"教育"一词还有"内发"之义，强调教育是一种顺其自然的活动，旨在把自然人所固有的或潜在的素质由内而外引发出来，成为现实的发展状态。[②]

pedagogy（教育学）一词起源于希腊语 pedagogue，原意是"教仆"。古希腊把陪送奴隶主子弟来往于学校并帮助他们携带学习教材的奴隶称为教仆。因此，从词源上看，教育学就是如何看管儿童的学问。[③]

（二）定义

教育有广义和狭义之分。

从广义上说，凡是增进人们的知识和技能，影响人们的思想品德的活动，都是教育。从这个角度来说，自人类产生以来就已产生的教育，这种教育存在于各种生产和生活的活动之中，不管是有组织的或是无组织的、系统的或零碎的，都是教育。

狭义的教育，主要指学校教育，其含义是教育者根据社会（或阶级）的要求，有目的、有计划、有组织地对受教育者的身心施加影响，把他们培养成一定社会（或阶级）所需要的人的活动。[④] 从这个角度来说，教育则是人类社会发展到一定历史阶段的产物。它专指教育活动逐渐从其他社会活动中分离出来，诞生了专门进行人才培养的机构——学校和伴随着学校的出现而同时产生的人才培养的专门过程。[⑤]

因此，本书把狭义的教育（即学校教育）定义为：教育者根据一定的社会要求和受教育者的身心发展规律，所进行的一种有目的、有计划、有组织地培养人的社会活动。

## 三、学校教育的出现

在原始社会，教育与人类生产生活融为一体。随着时间的推移，"学校教育"这一特殊形态逐渐分化出来。

---

[①]《教育学原理》编写组. 教育学原理［M］. 北京：高等教育出版社，2019：40.
[②]《教育学原理》编写组. 教育学原理［M］. 北京：高等教育出版社，2019：42.
[③] 柳海民. 教育学原理［M］. 2 版. 北京：高等教育出版社，2019：3.
[④] 中国大百科全书出版社编辑部. 中国大百科全书·教育卷［M］. 北京：中国大百科全书出版社，1985：1.
[⑤]《教育学原理》编写组. 教育学原理［M］. 北京：高等教育出版社，2019：45.

学校究竟产生于何时何地这一问题曾引发人们的讨论。有学者指出，最初关于学校的记载，是在公元前 2500 年以前古埃及的文献里发现的，那是一种专供官僚子弟求学的宫廷学校。考古资料显示，最早的学校可能出现在更早时期的两河流域——法国考古学家帕拉（Parrot, A.）于 20 世纪 30 年代在幼发拉底河与底格里斯河上游发掘出马里城学校遗迹。有人推断这所校舍是公元前 3500 年的建筑，比古埃及于公元前 2500 年出现的宫廷学校早约 1000 年。[①] 文献记载我国在夏朝就已有学校，但这一点尚未得到考古材料的确切证实，而商朝有学校则已从考古发现的甲骨文中得到证实。人们虽然对学校产生的具体时间看法不一，但普遍认为，学校教育出现于奴隶社会初期。

总体来说，生产力进步、文字发展、阶级分化等经济、文化和政治方面的因素，加快了学校教育的出现。

### （一）经济基础：生产力进步

人类社会经历了漫长的发展阶段，随着生产与生活经验的积累，铜器、铁器代替石器成为生产工具，种植业和畜牧业代替渔猎和采集成为主要的生产事业，这使物质产品得到极大丰富，除供人们消费之外，有了剩余。

这种剩余一方面使部落酋长、奴隶主阶级等特权人物可以从直接的生产劳动中脱离出来，专门从事管理活动；另一方面使另一部分人，如文士、僧侣和老人等，能够脱离生产劳动，专门从事脑力劳动，对劳动人民积累的各种经验进行归纳和整理，进而建立多种科学知识体系。当然，这些知识仅仅是初步的，往往还掺杂着迷信和谬误的成分。简而言之，生产力的进步为社会提供了相当数量的剩余产品，这使一部分人可以脱离生产劳动，从事专门的教育活动。换句话说，生产力进步成为学校教育出现的经济基础。

在我国，《礼记·王制》记载："有虞氏养国老于上庠，养庶老于下庠。""庠"这种机构，是古代中国学校的雏形，它兼有两个方面的重要功能，即养老与教育。具有丰富经验的长者，在这里承担对年青一代的教育任务。

### （二）文化基础：文字发展

经过原始社会的长期发展，简单模仿和口耳相传的方式已经不能完全满足人们的需要，人们创造出文字，并积累起一定的知识与经验。文字为人类保存和传递知识、经验提供了载体，极大地提高了文化财富积累的可能性。人们需要掌握文字进而掌握文字承载的知识与经验。

最初，人们辨认和书写文字都非常困难，人们绝非在日常生活中能够自然而然地学会，这就要求有专门的教育者，在专门的机构中，进行专门的文字教学和知识教

---

① 滕大春. 关于两河流域古代学校的考古发掘［J］. 河北大学学报（哲学社会科学版），1984（4）：63-70.

学。因此，文字发展成为学校教育出现的文化基础。

### （三）政治基础：阶级分化

阶级的分化也加速了学校教育的出现。人类社会分化出奴隶主阶级和奴隶阶级两大对立阶级之后，奴隶主阶级为了维护自身的利益和培养继承人，需要将本阶级子弟集中起来，设立专门的机构，派遣专门的人员来传授知识、经验和制度等。在这个意义上，阶级分化成为学校教育出现的政治基础。

## 四、小学教育的萌芽

原始社会的教育没有与人类的生产生活相分离，没有具体的阶段划分，也就没有专门的小学教育。然而，当时存在类似小学教育性质的活动，可称为生活形态的小学教育。进入奴隶社会初期，随着学校教育的出现，开始有了学校形态的小学教育。

### （一）生活形态的小学教育

原始社会中的小学教育，其基本特点是"生活化"，教育是在生活中进行的，是融于生活之中的。对此，涂尔干（Durkheim，É.）曾进行过描述，"原始生活是简单的""通过直接的和个人的经验，儿童轻而易举就学会了他需要知道的东西。生活就是他的导师，没有让父母介入的必要。"① 具体而言，生活形态的小学教育，主要表现为教育时空的生活化、教育内容的生活化和教育方式的生活化。

1. 教育时空的生活化

《学会生存：教育世界的今天和明天》一书，对原始社会的教育状况进行了概括性的描述：在原始社会里，"一个人是通过共同生活的过程来教育自己的，而不是被别人所教育的。家庭生活或氏族生活、工作或游戏、仪式或典礼等都是每天遇到的学习机会；从家里母亲的照管到狩猎父亲的教导，从观察一年四季的变化到照管家畜或聆听长者讲故事和氏族巫士唱赞美诗，到处都是学习的机会"②。

可见，原始社会生活形态的小学教育，并不是外在于儿童生活的活动，而是与儿童的生活具有天然的、内在的联系，教育本身就是儿童生活的内在形式，是儿童生活不可或缺的方面。简而言之，儿童的生活就是小学教育活动，儿童的生活时间就是小学教育时间，儿童的生活空间就是小学教育空间。

2. 教育内容的生活化

英国人类学家泰勒（Tylor，E. B.）指出，"万物有灵观"是原始文化的一个显著特点，包括两大信条：一是相信所有存在物的灵魂在躯体死亡或消灭后，仍能继续存

---

① 涂尔干. 道德教育［M］. 陈光金，沈杰，朱谐汉，译. 上海：上海人民出版社，2006：138.
② 联合国教科文组织国际教育发展委员会. 学会生存：教育世界的今天和明天［M］. 华东师范大学比较教育研究所，译. 北京：教育科学出版社，1996：27.

在；二是相信各种神灵可以升格，进入威力强大的诸神行列。[①] 第一个信条使原始人断定在每一个物质的后面，都有一个非物质的力量、一个精神实体、一个灵魂或精灵，它支配着物质对象。第二个信条则使神灵和人得以相通，人可能引起神灵的高兴或不悦，而神灵又可以控制人的现实世界。因此，原始人为了生存，必须获取满足身体需要的食物、衣服和住所等，但是，由于每一种食物、每一件武器或工具的背后都有一个精灵，必须先安抚或取悦这些精灵，物体才能顺利地满足人的需要。安抚或取悦精灵的手段，就是各种宗教仪式以及舞蹈、绘画等。

据此，原始社会的教育内容主要有两类：一类与获得食物、衣服和住所等相关，例如打猎、捕鱼、使用工具、缝制毛皮、造房子等；另一类与安抚、控制和取悦精灵或神灵等相关，例如仪式、习俗、禁忌、装饰、舞蹈、歌咏、音乐、绘画、雕刻等。

这两个方面的内容，都蕴含着针对儿童的基本技能训练和原始理论教育。基本技能训练是为了使儿童逐渐获得满足生产劳动、日常生活、宗教活动等实践需要的行为技能。原始理论教育则力图通过与技能训练紧密结合在一起，使儿童逐渐获得对自然界和社会生活的认识，以及对物质世界和非物质世界关系的了解，从而有效地应对环境的挑战。总之，原始社会生活形态小学教育的内容是儿童生活中必需的内容。

### 3. 教育方式的生活化

孟禄在《教育史教科书》中指出，原始儿童所获得的技艺几乎全部都是通过失败、模仿的方式学到的，对他们进行训练，最好是仅仅把要做的事和做的过程作简单指示，不要企图去说明和解释。[②] 这就是说，儿童是在打猎中学习打猎，在捕鱼中学习捕鱼，在制造工具中学习制造工具，在作战中学习作战，在人与人的接触中熟悉人际行为规范。原始社会生活形态的小学教育，都在日常生活中进行，一切操作技术和程序都在生活中习得，教育的效果都在日常生活中表现出来。

### （二）学校形态的小学教育

学校教育出现之后，小学学校应运而生，学校形态的小学教育诞生。早期学校形态的小学教育经历了一个漫长的发展过程。其间，中西方的小学教育表现出一些共同特征。

微课：学校教育的出现

### 1. 基本情况

我国从夏朝开始就有学校形态的小学教育。《古今图书集成·学校部》记载："夏后氏设东序为大学，西序为小学。"西周文化教育高度发达，小学教育也较夏、商更为发达。"学在官府"的教育制度使小学教育分布于国学和乡学之中。国学设在王都，乡学设在王都郊外六乡行政区。就国学而言，《礼记·王制》载："小学在公宫南之

---

① 泰勒. 原始文化 [M]. 连树声，译. 桂林：广西师范大学出版社，2005：中译本序 6.

② 夏之莲. 外国教育发展史料选粹：上册 [M]. 2 版. 北京：北京师范大学出版社，1999：12.

左。"小学设于王宫的东南,王宫守卫长官师氏和保氏兼任小学师长。国之小学以德行教育为先,兼礼仪、乐舞、射御、书计。就乡学而言,《礼记·学记》载:"古之教者,家有塾,党有庠,术有序,国有学。"《周礼·地官司徒·大司徒》言,乡学之内容"以乡三物教万民而宾兴之。一曰六德:知、仁、圣、义、忠、和;二曰六行:孝、友、睦、姻、任、恤;三曰六艺:礼、乐、射、御、书、数"。

自春秋之后,"官学衰废"而"私学兴起",出现"天子失官,学在四夷"的"文化下移"局面。私学勃兴,其中以孔子的办学规模和影响最大。自此之后,虽然各朝各代都有自己的教育政策与制度,但是小学教育都分布在官学和私学两个系统之中。

在国外,古埃及早在中王朝时期就建立起了三种典型的初等学校,它们在新王朝时期普遍开设。第一种是寺庙学校,由祭司执教,为履行宗教职责而训练学生的书写技能;第二种是宫廷学校,为皇室子弟和少数权势人物的孩子提供学习书写、阅读、宫廷习俗和仪式的教育;第三种是书吏学校,由政府部门掌管,训练儿童将来从事国家行政管理工作的相关技能。所有这些初等教育都是职业性质的。那时候,农民子弟、奴隶子弟是与学校无缘的。希伯来儿童一出生就要接受教育,幼儿时期就要背诵祈祷词、圣诗、格言、谚语、圣歌和神学著作中的简单内容,了解宗教节日和本民族习俗、习惯的意义;六岁后还要进入教堂小学,在教师的监护下学习律法规则、《旧约全书》和读写算的基本技能,为进入法律学校做准备。古罗马为满足儿童识字和学习法律法典(特别是《十二铜表法》)的需要建立了初级学校。

中世纪时,教会教育在西欧取得了绝对的主导地位。修道院、主教学校和堂区学校都对儿童进行教育,儿童主要学习《圣经》与七艺、简单的读写算和世俗知识。在世俗教育方面,骑士教育占据主导地位,整个过程由家庭完成。早期教育由母亲进行,内容涉及宗教知识、道德教育和身体的维护与锻炼。儿童七八岁之后进入礼文教育阶段,通过与贵族相处,学习上流社会的礼节、行为规范以及最基本的文字。基础教育阶段之后,即14岁以后,儿童进入侍从教育阶段,重点学习"骑士七技",同时要侍奉领主与贵妇。

2. 主要特征

中西方早期学校形态的小学教育,在内容、方法和权利等方面有一些共同特征。

(1)教育内容的系统性。在教育内容上,中西方小学教育都主要以精心编排与组织的典籍为主,体现出较强的系统性。

在我国,儿童需要学习的是《诗》《书》《礼》《乐》《易》《春秋》,内容涉及礼、乐、射、御、书、数,核心是文、行、忠、信。后来,随着大一统专制帝国的形成以及科举考试制度的确立,四书、五经①成为基本的教材,其核心思想是仁、义、礼、智、信。

---

① "四书"指《大学》《论语》《中庸》《孟子》,"五经"指《诗》《书》《礼》《易》《春秋》。

西方则形成了以"七艺"为核心的教育内容，包括以文法学、修辞学、辩证法（逻辑学）构成的"三艺"和以音乐、算术、几何学、天文学构成的"四艺"。

（2）教育方法的刻板性。小学教育的方法较为刻板，强调儿童对经典的识记和背诵，并以死记硬背和机械模仿为主要的学习方式。教育过程是对儿童的管制、灌输，体罚成为一种重要的教育手段，以便维护教师的威严。

（3）教育权利的等级性。在教育权利上，统治阶级大权在握，严格的教育等级制度逐渐形成。从施教者的角度来看，由于统治阶级的政治思想、伦理道德以及宗教思想成为唯一的真理，教师并不是独立的专业人士，他们要么由国家官吏兼任，要么由宗教神职人员兼任。从受教育者的角度来看，教育权利也存在着鲜明的等级性，不同社会阶层的个体入读的学校不同。贵族与平民、主人与仆人具有不可逾越的鸿沟。许多社会底层人民的子女没有进入小学学习的机会。

**学习活动**　　以上述学习内容为基础，创编一部有关教育起源或小学教育萌芽的情景剧，并在全班表演。

## 第二节　小学教育的发展

本节知识点：西方小学教育的发展；我国小学教育的发展

近现代以来，小学教育随着人类社会的发展而发展，表现出一些新的形态和特征。

### 一、西方小学教育的发展

随着文艺复兴运动的兴起，欧洲资本主义开始萌芽并迅速发展，人性、科学理性、个性解放、平等友爱、现世生活日益受到人们的重视，教育随之发生了重大的变化。与之相应，小学教育经历了变革，呈现出崭新的面貌。

### （一）小学教育地位基础化
一方面，小学教育地位的基础化表现为小学教育为儿童接受中等教育和高等教育奠基。在近代教育的发展过程中，联结大学与小学的中等教育逐步形成。中等教育实际是从中世纪大学中孕育和分化出来的，它的出现使小学教育地位基础化。文法中学为学生升入大学做准备，实科中学为学生进入社会从事各种社会生产劳动做准备，而小学教育则为儿童有效接受中等教育做准备。由此，小学教育开始被纳入整个教育体系进行统筹考虑和规划，而不仅仅是进行启蒙性质的宗教观念的普及与简单的读写算知识的教学。

另一方面，小学教育地位的基础化主要表现为为广大平民阶层的儿童进入社会、适应近代工业化生产提供必要的知识与技能。如 18 世纪在英国出现而后流行于欧洲的星期日学校，教会的初等教育学校，以及依据英国哲学家洛克（Locke，J.）的主张以贫苦儿童或流浪儿童为主要教育对象的、以职业劳动为主要教育内容的工业学校等。

### （二）小学教育运行法制化

随着资产阶级世俗国家政府的建立，小学教育的举办权也从教会的手中逐渐转移到世俗政府手中，小学教育成为一项公共事业。这种公立化主要通过小学教育运行的法制化来强力推进。

从 16 世纪开始，德意志各公国就先后颁布关于国家办学和普及义务教育的法令。如 1559 年威丁堡公国颁布法令，规定国家在每个村庄设立初等学校，强制家长送子女入学；1619 年魏玛公国颁布法令，要求开列 6—12 岁男、女儿童名单以保证适龄儿童入学；普鲁士国王威廉一世接连颁布教育法令，详细规定了政府设立学校、强制义务教育、学校课程、办学经费等方面的具体要求和步骤；威廉二世 1763 年颁布《普通学校规章》，规定了义务教育的年龄（5—14 岁）及相应的制度和措施。

法国在大革命时期提出人人享有平等的受教育的机会和权利，强调普及教育的重要性，并由国家举办"国民教育之家"；复辟王朝颁布法令，要求每一市、镇必须采取措施使本市、镇儿童接受初等教育；七月王朝时期的《基佐法案》为初等教育的发展提供了法律保障；巴黎公社教育委员会在免费普及世俗教育上做了大量工作；第三共和国于 1881 年和 1882 年两次颁布《费里法案》，不仅确立了国民教育义务、免费和世俗化三原则，而且将这些原则的贯彻实施具体化。

美国马萨诸塞州于 1852 年颁布了第一部义务教育法，随后各州相继颁布义务教育法令，强制儿童接受初等教育和实现免费教育。

英国 1883 年在宪章运动的压力下颁布了《工厂法》，规定 9—13 岁童工每天应在工作时间接受两小时的义务教育；1870 年《初等教育法》（又称《福斯特法案》）规定了国家强制实行义务教育的具体措施，这标志着英国初等教育制度的形成，随后英国又相继通过了义务教育和免费教育的法案。

日本 1872 年的《学制令》也提出要实施义务教育。

### （三）小学教育对象普及化

随着资本主义的发展，小学教育的对象迅速扩大到所有适龄儿童，不分出身和性别。教育对象普及化成为近代西方各国小学教育发展的重要特征，这极大地满足了各国经济、政治和社会发展的需要，同时也确立了受教育机会和权利平等的基本原则。

当然，小学教育对象普及化是通过小学教育公立化和法制化，特别是国家法律的强大力量实现的。这种普及对西方国家经济与社会的全面、快速发展，起到了不可或缺的促进作用。

### （四）小学教育内容世俗化

在西方，早期的小学教育多是教会通过慈善机构向普通大众提供的。对于贵族而言，其小学教育则主要在家庭中完成。在这种情况下，小学教育最主要的内容就是宗教观念和行为规范，即便有少数简单的读写算训练，也往往贯穿于宗教教育之中。但是随着各国世俗政权的确立，以及近代科学知识的积累与资本主义经济的发展，宗教教育内容已经完全不能满足小学教育的需要，小学教育的功用性目的逐渐占据了主导地位。于是，各国政府利用国家强制力量，纷纷颁布法令收回举办小学教育的权力，要求宗教与政党不得干预教育活动。与之相适应，基本的读写算技能与基本的科学和世俗知识开始超越宗教知识的地位，成为小学教育的重要内容。

### （五）小学教育课程学科化

传统的小学教育课程是一种艺术化的课程，但是随着近代小学教育的发展，小学课程出现了学科化的发展趋势。学科化的小学教育课程发轫于 15 世纪，并一直持续到今天，以赫尔巴特（Herbart，J. F.）的"以教材为中心"的课程为典型代表。学校里使用的不再是原著，而是经过专门编写的教材。课程内容包含了人文学科和自然学科以及数学、神学等多学科的基础知识，课程实施采取了大规模的班级授课制和以讲授及背诵为主的教学方法。

具体来说，那时取得的课程成就主要有：第一，教材出现。这是教育家们甄别、选择和重组文化知识的产物，是教育家们为解决知识总量无限增长与学习时间较为有限之间的矛盾探寻出的新方法。第二，形成了以"分科"为主要形式的课程体系。为了实现学科之间的有机联系，有教育者以历史、文学和神学为中心来安排和组织学科，使分科的内容能有机地联系在一起。

## 二、我国小学教育的发展

在我国，近代小学教育是从 19 世纪末期开始的，至今已有 100 多年的历史。其间伴随着社会巨变，小学教育有三次较大的变革。

☞教师资格考试《教育教学知识与能力》笔试考点：了解我国小学教育的历史。

（一）新式小学的萌芽

甲午战争失败后，人们强烈要求变革强国，废八股、变科举和兴学校成为时代潮流。新式小学兴起并逐渐得到推广。

1. 新式小学的兴起

据考证，我国近代最早正式成立的小学是1878年张焕纶在上海创办的正蒙书院。虽然名为书院，但从课程设置来看，有国文、舆地、经史、时务、格致、数学、诗歌等，因此它实际上是一所新式学堂。1882年正蒙书院改称梅溪书院，增设英文、法文课，注重体育，对学生进行军事训练。[1]

继正蒙书院之后，1896年钟天纬在上海创办了三等公学。他改书院、书塾等名称为"学堂"，又以白话编撰儿童教材，这在小学教育发展史上具有重要的价值。

1896年，盛宣怀创办南洋公学。南洋公学分为四院，其外院就是小学，这可视为中国公立小学的开端。课程有国文、算学、英文、舆地、史学和体操六科，每周授课42小时，教师由南洋公学师范院学生轮流担任，所以外院也可视为中国师范学校附属小学之始。后来，外院改称"南洋公学附属小学"。其教材是师范院自编的《蒙学课本》。[2]

2. 新式小学的推广

1898年，清政府下令，命各省、府、州、县开设学堂，将各地旧有的书院、义学、社学一律改为中西兼习的学校，省会的大书院改为"高等学"，郡城的书院改为"中等学"，州县的书院改为"小学"，同时奖励私人兴学。中小学生应读的书籍由官设书局编印发行。这是清政府决心推广新式学校的开始，也是小学教育计划见于公牍的开始。

同年6月，御史张承缨奏请于五城设立中小学堂，当地人民与外省寓京的官吏子弟皆可入学，这可视为小学教育普及运动的发端。

维新运动前后，各地都开始兴办小学。例如，俞复与吴眺、丁宝书等人于1898年创办无锡三等公学堂，自编《蒙学读本全书》；陆基于1899年在苏州创崇辨蒙学，自编《启蒙图说》《启蒙问答》。1900年，天津成立蒙养东塾。此外，北京有八旗奉直小学堂，广东有逊业小学堂。[3]

这一时期是新式小学教育的萌芽时期，各地小学堂呈散点状态，而且教师多为科举秀才等出身，学生多为官绅子弟，还不能称其为国民教育，与广大民众一般不发生什么关系。直到《奏定学堂章程》颁布，全国的小学教育才有很大发展。

（二）小学教育制度的初创

近代小学的出现、新式学堂的增多，都迫切需要相应的学校教育制度予以规范和

---

① 陈学恂. 中国近代教育大事记［M］. 上海：上海教育出版社，1981：39.

② 周予同. 中国现代教育史［M］. 福州：福建教育出版社，2007：69-70.

③ 李景文，马小泉. 民国教育史料丛刊：741 初等教育 初等教育史［M］. 郑州：大象出版社，2015：550.

保证。在这样的背景下，清政府颁布施行了我国第一个近代学制"癸卯学制"，这标志着我国小学教育体系的确立。这一体系在实际运行过程中不断革新和发展。

### 1. 小学教育制度的确立

学校教育制度，简称"学制"，是指一个国家各级各类学校的系统，它规定各级各类学校的性质、任务、入学条件、修业年限以及它们之间的关系。1902年，在管学大臣张百熙的主持下，清政府制定了《钦定学堂章程》，即"壬寅学制"。其中初等教育包括蒙学堂4年、寻常小学堂3年、高等小学堂3年。蒙学堂招收6岁的儿童，与寻常小学堂同为义务教育。此学制很快就被1904年1月13日由张之洞等人主持重新拟定的《奏定学堂章程》，即"癸卯学制"取代。

"癸卯学制"分三段七级（参见图1.1）。其中，初等教育阶段包括高等小学堂4年，初等小学堂5年，蒙养院年限不定。与高等小学堂并行的有初等实业学堂、实业补习普通学堂与艺徒学堂。中等教育阶段，即中学堂5年，与之并行的有5年制初级师范学堂及中等实业学堂。高等教育阶段，包括通儒院5年，分科大学3~4年，高等学堂及大学预科3年。与高等学堂并行的有优级师范学堂、译学馆和高等实业学堂等。通儒院不计，儿童自7岁入小学至28岁大学毕业，合计21年。

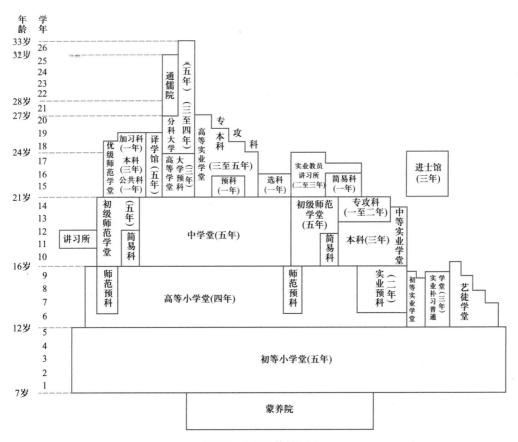

图1.1 "癸卯学制"图

"癸卯学制"是我国近代学制的基础，第一次系统构建了以小学堂、中学堂、大学堂为主干的学校教育体系。自此，小学得以在我国学校教育制度中确立。

### 2. 小学教育制度的发展

在辛亥革命胜利推翻封建统治后，中华民国临时政府于1912年颁发实施改造封建教育的法令《普通教育暂行办法》，教育部颁布《普通教育暂行课程标准》，建立民国学制系统的结构框架，即"壬子学制"。1913年，中华民国又颁布一系列法令规章，使"壬子学制"得以充实和具体化，它们被合称为"壬子·癸丑学制"。这一学制涉及小学教育的文件有《小学校令》《小学校及课程表》，规定初等教育分为初等小学和高等小学，其中初等小学为义务教育，共4年，入学年龄为6周岁，高等小学为3年。该时期，小学教育以留意儿童身心之发育，培养国民道德之基础，并授以生活所必需之知识、技能为宗旨。[1]

这一小学教育体系显示出两大特点：一是女子与男子享有平等的受教育权，儿童不分男女都要接受义务教育，而且在小学阶段实行男女同校；二是缩短了学制，初等小学和高等小学都不同程度地减少了年限，这有利于在中国普及小学教育。尽管此后我国时局变化导致小学教育体系不断变化，但是这次小学教育改革的核心思想得以延续。

1922年，北洋政府依据各地的教育实验和改革经验，在民主与科学精神的指导下，以及美国实用主义教育思想的影响下，发布了《学校系统改革案》，即"新学制"。"新学制"根据儿童身心发展规律划分教育阶段，参照美国实行"六三三"学制。它进一步缩短了小学教育的年限，改7年为6年，分两级，初级小学4年，为义务教育；高级小学为2年。同时幼稚园也被纳入初等教育阶段，这使幼儿教育与小学教育得以衔接。1922年的"新学制"是一种历史的进步，是中国教育发展史上的一个里程碑，它的影响一直持续到1949年。

### （三）小学教育制度的完善

1949年中华人民共和国成立，在学习苏联、继承老解放区经验和改造旧教育的过程中，我国制订了一系列中小学课程与教学计划。1949年颁布的《中国人民政治协商会议共同纲领》规定国家"有计划有步骤地实行普及教育"。1963年3月23日，中共中央发布《关于讨论试行全日制中小学工作条例草案和对当前中小学教育工作几个问题的指示》。该指示强调："改进教学计划，抓紧教材建设，是中小学教育当前和长远的一项重要任务。"为此，同年7月31日，教育部根据党的教育工作方针，吸收中华人民共和国成立以来的教学工作经验，颁发了《全日制中小学教学计划（草案）》，该计划成为改革开放前比较有代表性的小学教学计划。

"文化大革命"结束后，政府大力推动小学教育的普及与质量提升。1980年中共中央、国务院《关于普及小学教育若干问题的决定》提出全国在1990年前基本普及小学教育。1984年颁发的《全日制六年制城市小学教学计划（草案）》和《全日制六

---

[1] 孙培青. 中国教育史[M]. 修订版. 上海：华东师范大学出版社，2000：361.

年制农村小学教学计划（草案）》，基本上是对 1963 年《全日制中小学教学计划（草案）》的恢复。1986 年我国颁布《中华人民共和国义务教育法》，明确规定实施九年义务教育，包括小学教育和初中教育。小学教育作为义务教育的重要组成部分被正式纳入法治轨道，这极大地促进了小学教育的发展。

1992 年，国家教委颁发了《九年义务教育全日制小学、初级中学课程计划（试行）》及配套的二十四个学科教学大纲（试用）。1994 年，在每周工作 44 小时的新工时制条件下，课程又进行了调整，新的课程计划形成。《实行新工时制对全日制小学、初级中学课程（教学）计划进行调整的意见》规定，小学开设思想品德、语文、数学、社会、自然、体育、音乐、美术、劳动等学科类课程，以及晨会（夕会）、班团队活动和科技文体活动等活动类课程。

1995 年，《中华人民共和国教育法》颁布实施，明确规定"国家实行学前教育、初等教育、中等教育、高等教育的学校教育制度"。我国现行学制参见图 1.2。其中，中小学学制是"六三制"和"五四制"并存，以"六三制"为主。"六三制"，即小学六年，初中三年；"五四制"，则是小学五年，初中四年。"六年制"是我国小学的基本学制。

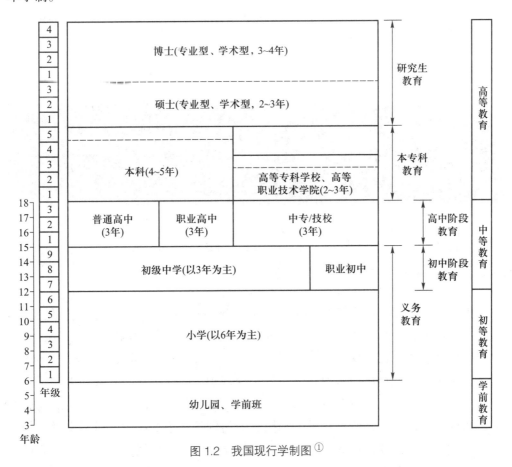

图 1.2　我国现行学制图 [①]

①《教育学原理》编写组. 教育学原理［M］. 北京：高等教育出版社，2019：209.

2001 年以来的义务教育课程方案均是九年一贯整体设置课程的。《义务教育课程方案（2022 年版）》规定，小学阶段的课程主要有道德与法治、语文、数学、外语、科学、信息科技、体育与健康、艺术、劳动、综合实践活动等。小学开设英语课程的起始年级为三年级；有条件的地区和学校可在一至二年级开设，以听说为主。信息科技在三至八年级独立开设。一至二年级的艺术课程包括唱游·音乐、造型·美术；三至六年级的艺术课程以音乐、美术为主，融入舞蹈、戏剧（含戏曲）、影视（含数字媒体艺术）相关内容。综合实践活动侧重跨学科研究性学习、社会实践。一至六年级开展班团队活动，内容由学校安排。

我国小学教育的百年发展历程表现出基础化、法制化和普及化等特点，这与近代西方小学教育发展所表现出来的特点是基本一致的。受国内外政治形势等因素的影响，就普及化来讲，我国小学教育真正迈出强有力的步伐是在中华人民共和国成立之后，而以国家强制力量保障推行则是在《中华人民共和国义务教育法》颁布之后。

☞ 教师资格考试《教育教学知识与能力》笔试考点：了解我国小学教育的现状。

微课：小学教育发展小结

 **学习活动**

梳理以上学习内容的要点，并列表比较西方与我国小学教育发展的相同与不同之处。在小组内交流的基础上，由小组代表向全班同学汇报本组观点。

## 第三节　小学教育的走向

本节知识点：学校改进

本节技能点：创建理想小学的方向

在历史长河中，小学教育逐渐从生活形态演进为学校形态并获得长足发展。党的二十大报告提出，"中国式现代化的本质要求是：坚持中国共产党领导，坚持中国特色社会主义，实现高质量发展"，要"加快建设高质量教育体系"。小学教育高质量发展是建设高质量教育体系的重要基础。当前，社会与教育进入了一个空前繁荣的阶段，小学教育也在随之不断地改革与创新，从而孕育出新的发展态势。在这一背景下，人们正在思考和探索如何创建理想的小学。概括来说，创建理想小学的方向主要有倡导学习为本、推动学校改进、重视科研强校、打造卓越小学文化。

## 一、倡导学习为本

"学习为本"的小学教育哲学正在兴起，它至少包含以下两层意蕴：（1）为了所有小学生的学习，即小学教育是为了所有小学生的学习而存在的。小学教育要满足所有学生的不同需要，这就要求教育的目标、方法、资源和评价都必须考虑和适合所有小学生。近年来，不少学校基于这种哲学开展教育活动。重庆谢家湾学校提出"红梅花儿开，朵朵放光彩"的育人模式，根据学生需要丰富课程资源、转变学生学习方式，形成学生学习负担轻、成绩优、能力强、习惯好的素质教育新模式。[①]（2）促进小学生整体性学习的教育，即小学教育是为了促进小学生整体性的发展而存在的。教育既要整体性地关注学生的学习环境、学习方式、学习结果和学习评价等，又要整体性地关注学生认知、情感和行为等多方面的发展。

文献：《课程改革与研究的新动向：彰显学习为本》

联合国教科文组织在1990年举行的世界教育大会上就倡导全民教育，提出"满足基本学习需要"的主张，从而确立了"学习为本的价值观"（learning-oriented value），这种价值观是学习为本教育哲学的核心。沿着"学习为本的价值观"，聚焦于促进学生的学习，优化"学习为本"课程、教学与评价的趋势已经凸显出来。这既是摆在小学教育工作者面前的重要任务，也是小学教育工作者建构新角色和新身份的重要契机。

案例分析

### 为了"学习"的学校变革

○ 案例 [②]

一所小学为了促进学生学习，推行了以下策略：

课堂教学要实现"活动性、合作性、反思性学习"。学习是与学习对象的对话（认知性实践）、与他人的对话（人际性实践）、与自己的对话（伦理性实践）三位一体的活动。

以学习作为学校一切活动的中心，废除一切与学习无关的东西。打破班级的界限，形成以学年组为单位的教师团队，最大限度地保障每个学生的学习权利。

将教学案例研究作为学校管理的核心任务。所有的教师每年最少要为全校同事讲一次公开课。教学案例研究由一小时的教学观摩（可利用录像资料）和两小时的研究讨论组成，包括所有学科的研修活动、以年级为单位的研修活动（每周或隔周一次）与全校教师参加的校内研修活动。为了确保有充分的时间进行教学案例研究，学校尽量减少教师的非教学任务。在公开课后，教师进行研讨，重点分析孩子们在哪个环节上产生了学习，在哪个环节上中止了学习，这远比评论授课技巧是否娴熟、提问方式是否得当以及教材的使用是否有效重

① 刘希娅. 变革学习方式 构建学校高质量育人生态［J］. 人民教育，2023（19）：51-53.
② 佐藤学. 构建"学习共同体"的学校改革［J］. 中国德育，2007（1）：8-12.

要得多。不要求听课教师给任课教师提什么建议，主要交流通过这节课，孩子们究竟学到了什么。

废除家长"参观学习"的活动方式，引入家长、教师共同参与教育实践的"参与学习"的活动方式。

○ 分析

"创建理想小学"是人们共同的期望，可是，当前并没有一套整齐划一的创建标准和措施。人们需要根据实际情况，采取丰富多样的策略，为自己的理想而努力。这所学校的改革举措围绕如何促进学生学习而展开，尽量减少一些不以"学习为本"的活动。这些策略推行之后，一些学生由于厌学而逃学的问题解决了，校园暴力和违法行为减少了，学生学习能力也有了明显提升。

当前许多小学也正朝着构建"学习共同体"的方向迈进。理想的小学不仅是孩子们学习和成长的天地，也是教师作为教育专家与学生共同学习和成长的地方，还是家长和社会人士等支持和参与学校改革、促进学生成长与发展的重要场所。

## 二、推动学校改进

学校改进是学校组织的全面、深度变革，其定义主要可以分为以下三类：（1）侧重过程的定义，强调学校改进是动态的，关注学校实现目标的过程。比如，学校改进是指一种系统而持续的努力，旨在改变校内的学习条件和其他相关条件，最终让学校更有效地实现教育目标。（2）侧重结果的定义。比如，一所正在改进的学校中的同一批学生每年的学习成果（含学习态度、动机和成绩等）都有所提升。（3）过程与结果相结合的定义。比如，学校改进是教育变革的一种策略，它可以提高学生的学习成效，同时还能增强学校应对变革的能量。[1] 这样的学校改进，通过聚焦教学过程以及相关的支持条件来提升学生的学习效果。

我国在学校改进方面探索出一系列本土策略，主要有以下四类：（1）通过更新教育教学思想改进学校，包括引进或生成新的教育教学理念，形成配套的教育教学模式、学校管理制度与机制及组织文化。（2）通过变革管理方式改进学校，包括更新学校的管理理念，改革学校管理政策与制度，优化管理机制，调动教职工的工作积极性，指导并支持其不断提高工作绩效，促进其教育教学思想观念的持续变革。（3）通过信息技术的应用改进学校，包括持续在教育教学和学校管理中运用信息技术，逐步创设与信息化环境相适应的学校教育教学模式及学校管理制度。（4）运用日常教育智慧改进学校。如：总结、概括、提炼"日常教育智慧"，将这些智慧转化为可操作的教育教学和管理工具；鼓励教师、管理人员用好熟知的日常教育知识和在长期教育过

---

[1] 梁歆，黄显华. 学校改进：理论和实证研究［M］. 上海：华东师范大学出版社，2010：8-13.

程中积累起来的教育经验。[①]

当前，学校改进中的校长领导力提升、学生参与、质量评估及"大学—教育行政部门—小学"三方协作等一系列问题都值得深入探讨，特别是农村学校和薄弱学校的改进尤其需要教育工作者的关注。

## 三、重视科研强校

20 世纪 90 年代以后，我国基础教育界逐渐形成了"科研兴校"的共识。学校通过开展广泛且深入的教育科学研究，实施全体教职工的校本培训等措施，提高教职工的教育能力，实现全面提高教育教学质量和办学效益的目的。此处的"科研"，特指教师结合自身发展需要和所在学校真实的教育教学问题所开展的教育教学研究。人们通过科研意识到教育教学研究与学校兴衰的深度关系；意识到学校不仅仅是教育教学的实践单位，而且是教育教学研究的子系统；意识到教师不仅仅是课程计划的被动执行者，而且是课程与教学的研究者。科研兴校倡导教师成为研究者、教学科研一体化、以校为本的研究和行动研究，要求建立相应的组织模式、运行模式和培训模式。随着社会对学校期待和要求的日益提高，以及科研在学校发展中的作用日益重要，人们提出了"科研强校"的战略口号。

校本研究是科研强校的主要表现。校本研究有效地解决了当前小学教育存在的一些实质性问题，包括：（1）面对教师忙于"教研"而忽视"学研"的状况，校本研究采取分阶段组织共同体的方法，帮助教师从传统"学科组"和"年级组"发展为"学研共同体"；（2）面对课堂活动中存在的教师研究性教学与学生探究式学习相脱节的状况，校本研究采取分步创新研究过程结构的方法，帮助教师从授受式教学发展为研究性教学、学生从被动学习发展到探究式学习；（3）面对"学院式"方法遮蔽"草根式"方法的状况，校本研究针对一线教学实际，系统提炼并阐明一线教师能够有效运用的研究方法，解决"学院式"研究方法严重脱离小学课堂教学研究实际的问题，形成小学教师校本学习研究的有效方法体系。

有研究者提出小学数学"三段十步"改课范式，"三段"即集体备课、模拟上课和现场改课，"十步"即诊断起点、分组研讨、集中反馈、重构完善、方案论证、新手上课、专家示范、新手再上、视频剖析和形成方案。在这个过程中，教师要对学生进行课前摸底调查和课后测查与访谈，形成来自学生的重要证据，深刻理解学生学习数学的真实特点和困难。[②] 这种校本学习研究使教师共同经历"想明白、说清楚、改到位、做出来"的过程，能有效促进教师群体成长，发展学生核心素养。

简而言之，校本研究，实质上是一种以学校为基地、以学习为本位的新型课程与

---

① 沈玉顺. 学校改进实践策略解读：基于我国中小学学校改进实践的分析［J］. 教育发展研究，2010，30（18）：16—20.
② 斯苗儿. 小学数学"三段十步"改课的教研范式探析［J］. 课程·教材·教法，2020，40（9）：81—87.

教学研究理论和实践，它包含发展文化学习理论、提升学生学习效果、促进教师专业发展、建构研究型学习共同体和创建文化学习环境等内涵。①

## 四、打造卓越小学文化

当前，儿童"上好学"的教育诉求日益强烈，基础教育的工作重点已转向内涵提升。打造卓越小学文化也成为创建理想小学的一种趋势。

在《辞海》（第 7 版）中，"卓越"的意思是"优秀突出"。深入分析，"卓越"既是一个名词，代表一种与众不同、别开生面、彰显个性的优秀状态，又是一个动词，代表一种过程，表现为不断超越已有的优秀状态，有更上一层之意。由此，卓越就成为一种价值诉求、一种视野和一种方法。

当下，一些小学正在打造卓越文化，主要内容有：建构卓越型价值文化、学习型管理文化、和谐型校园文化、专家型教师文化、特色型课程文化和杰出型学生文化等。建构方式主要包括：（1）坚持全面发展，夯实卓越型价值文化的构建基础；（2）崇尚开放包容，培育卓越型价值文化的构建土壤；（3）紧贴时代脉搏，凸显卓越型价值文化的构建特色；（4）大兴科研之风，形成卓越型价值文化的构建氛围；等等。②广州市东风东路小学在卓越型教学文化建设方面取得了一定成效。其"卓越"体现在以下方面：走出科组内教研传统，进行跨科组协作，打造异质交融的教研形态，践行化"异"为"优"的文化心态；走出班级，进行校社协作，营造多元参与的教学氛围，提升教学品位，丰富办学内涵；院校协作，搭建专家教师的成长阶梯，聚焦核心问题，开展分解式、贴身式与个性化协作指导。③

**学习活动** 在把握"走向学习共同体"这一小学教育发展趋势的前提下，畅想和描绘未来理想小学的图景。在个人思考的基础上进行小组交流，小组选派代表在全班分享本组观点，可以用绘画等形式辅助描述。

德国哲学家雅斯贝斯（Jaspers, K.）曾指出："人的未来只能是一种开放的可能性。如果我力图预见未来，这恰是为了改变事件的进程。"④分析小学教育的走向，就是为小学教育行动树立一个理想，而这一理想能否实现，取决于人们现在是否按照这一理想来行动。不断学习小学教育理论，深入研究小学教育实践，切实践行小学教育走向"学习共同体"的多重追求，善于利用多种策略建构理想的小学，应成为小学教育工

① 黄甫全. 让学校成为学习的天堂：校本学习研究引论 [J]. 教育发展研究，2008（10）：37-42.
② 陈晓. 卓越型名牌学校文化建构的行动研究：以广州市越秀区东风东路小学为例 [M]. 广州：广东教育出版社，2016：目录.
③ 陈晓，郑玉梅，黄甫全. 跨科组、跨校社与跨院校协作：卓越型教学文化提升的有效策略 [J]. 现代中小学教育，2014，30（10）：10-13.
④ 雅斯贝斯. 时代的精神状况 [M]. 王德峰，译. 上海：上海译文出版社，1997：193.

作者必须肩负起的重要使命！

## 学习评估

请对自己的学习情况进行评估，如已达到要求，在相应方框内打"√"。

□ 我已理解生物起源说、心理模仿说、劳动决定说、生活需要说的主要内容及代表人物。

□ 我已了解教育的内涵。

□ 我已理解学校教育出现的原因。

□ 我已理解萌芽阶段生活形态与学校形态的小学教育的特征。

□ 我已了解西方和我国小学教育的发展历程。

□ 我已感悟到走向学习共同体及创建理想小学的重要性。

□ 我已形成为创建理想小学而努力的意识，并明确了方向。

第一章试题

## 扩展阅读

请利用课余时间阅读以下文献，并做好读书笔记。

1. 吴洪成. 中国小学教育史［M］. 太原：山西教育出版社，2006.

该书共十二章，分别是"先秦时期的小学教育""秦汉魏晋南北朝时期的小学教育""隋唐时期的小学教育""宋辽金元时期的小学教育""明清（鸦片战争前）时期的小学教育""鸦片战争到洋务运动时期的小学教育""维新运动时期新式小学教育的发展""清末'新政'时期近代小学教育的制度化""教会小学教育的发展""民国初年北洋政府时期的小学教育""南京国民政府时期的小学教育""中国共产党领导下革命根据地的小学教育"。阅读该书有利于教师了解我国小学教育的形成、演变和发展过程，熟悉教育家或思想家关于小学教育的真知灼见。

2. 陆枋，等. 小学校 大雅堂：成都市实验小学教育创新研究［M］. 北京：教育科学出版社，2012.

该书共九章，分别是"小学大雅——百年积淀，源远流长""雅教雅育——现代教育，价值创新""和雅课程——以质为本，和而不同""活雅课堂——革新教学，自主学习""文雅学生——以雅育雅，活而有常""清雅管理——以人为本，以事育人""儒雅教师——立己达人，自主发展""优雅校长——云淡风轻，行板如歌""展望未来——素质教育，高位均衡"。阅读该书有助于教师了解我国小学追求卓越的真实实践过程。

3. 李葆萍，杨博. 未来学校学习空间［M］. 北京：电子工业出版社，2022.

该书共八章，分别是"未来学校与未来教育""学习空间的历史与发展""未来学校整体空间设计""未来学校教室空间""未来学校过渡空间和绿色空间""未来学校网络学习空间""未来学校非正式学习空间""可持续发展理念下的未来学校空间建设"。该书将学校学习空间建设与空间的育人功能融为一体，分门别类地展示了各类学习空间的建设案例，既为未来学校的研究者与实践者提供了未来学校学习空间的变革思路，也为学校管理者、师生及家长提供了面向未来的管理方式、教学方式、学习方式的借鉴。

## 反思·探究·对话

以"畅想未来理想小学"为题，访谈教育行政人员、小学校长、小学教师、小学生、小学生家长以及小学教育专业的师生。据此，撰写调研报告并在全班交流，可以"未来理想小学的概貌：多种群体的观点"为题，也可自拟题目。

# 第二章　小学教育特性

## 思维导图

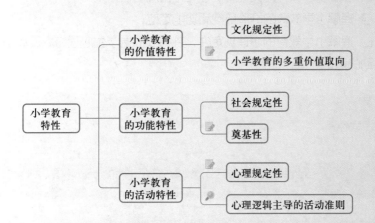

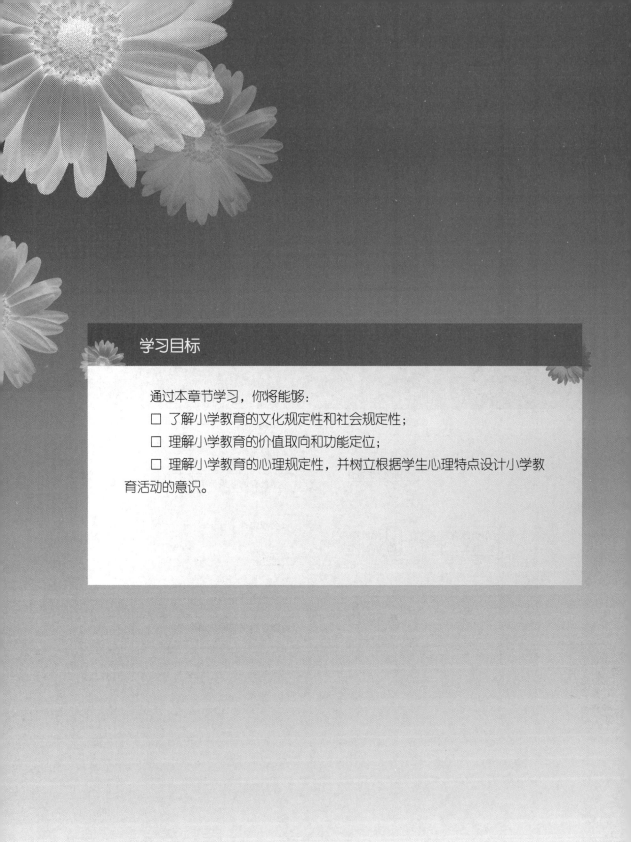

学习目标

通过本章节学习，你将能够：

□ 了解小学教育的文化规定性和社会规定性；

□ 理解小学教育的价值取向和功能定位；

□ 理解小学教育的心理规定性，并树立根据学生心理特点设计小学教育活动的意识。

## 小学数学课堂上的"智慧人" ①

在一年级小学数学课堂上，教师要求学生完成"一个数比另一个数少几"的应用题：学校有 8 朵红花，黄花比红花少 3 朵，黄花有多少朵？学生很快列出了算式：8-3＝5（朵）。

求比 8 少 3 的数对于孩子们来讲并不是一件十分困难的事，但许多教师却对学生提出了明确要求：请同学们看图列式后说清 8-3＝5（朵）算式的意义。课堂上孩子们皱着眉头毫无表情地机械重复着："把 8 朵红花看作一个整体，分成两部分，一部分是与黄花同样多的部分，另一部分是比黄花多出的部分。从 8 朵红花中减去比黄花多出的 3 朵，就是和黄花同样多的 5 朵，也就是黄花的朵数。"

原本一道很简单的算式，却让七八岁的孩子说出一大堆令成年人都费解的道理。儿童本来对这种板着面孔的数学应用题就有几分畏惧，再加上教师过分的要求，心理上便产生了厌烦情绪。这样的数学课怎么会令孩子们喜欢呢？这样的数学教学怎么培养学生的创造性思维呢？

就此，吴正宪老师尝试改变让学生模仿成年人的语言，千篇一律地叙述解题思路的教学方法，通过孩子们喜欢的"捉迷藏"方式突破教学难点。例如："饲养小组有 10 只白兔，黑兔比白兔多 6 只，白兔和黑兔一共有多少只？"她让孩子们展开想象的翅膀，尽情地体验学习的乐趣。

当例题出现后，吴老师在第二个已知条件的后面顺手贴了一幅"智慧人"的图片，"智慧人"正眨着智慧的双眼向小朋友们喊话。吴老师请同学们猜一猜"智慧人"可能会喊什么。一个男孩子跑到讲台前，双手叉开放到嘴边学着"智慧人"的样子喊："喂，小朋友们，你们先要把黑兔的只数求出来呀，不然后面就麻烦啦。"吴老师追问了一句："为什么先要把黑兔的只数求出来呢？""不先求黑兔的只数，怎么能求出黑兔和白兔一共有几只呢？"一句话，道出了解题的关键。同学们顺利地完成了此题。

吴老师又把"黑兔比白兔多 6 只"改为"黑兔比白兔少 6 只"。一个梳着两条牛角辫的小姑娘勇敢地跑到讲台上，也学着"智慧人"的样子喊："喂，小朋友们，题目中的'多'字已经变成'少'字啦，可要当心呀，千万别上当！"银铃般的喊声传遍教室的每一个角落，同学们审题可认真了，不大的工夫，又完成了第二道题。

刚入学的小学生不喜欢死板枯燥的机械式学习，而是喜欢生动活泼的游戏式学习。课堂上教师用"智慧人"引导学生明确算式意义，厘清解题思路，提升了教学效果，这一教学过程体现了教师的教育智慧，折射出教师对小学教育特性的洞察与

---

① 吴正宪. 吴正宪与小学数学［M］. 北京：北京师范大学出版社，2006：70-71.

把握。

毋庸置疑，小学教育既有学校教育所具备的普遍性，又有自身的独特性。从根本上说，解读小学教育的独特性，需要回答小学教育究竟是一种什么样的价值存在，小学教育究竟要发挥什么样的基本功能，以及小学教育究竟以什么样的方式或路径来有效开展具体的活动，才能实现价值并彰显功能这些问题。鉴于此，本章对小学教育的价值特性、功能特性和活动特性进行梳理和总结。

## 第一节 小学教育的价值特性

☞教师资格考试《教育教学知识与能力》笔试考点：理解小学教育的基本特点。

本节知识点：*小学教育是一种特殊文化；文化的价值是优化人的生命；小学教育的多重价值取向*

如何理解价值，是与人类认识和实践活动密切相关的重大哲学问题。围绕这一问题，研究者展开了大量的讨论，形成了"需要说""属性说""劳动说""关系说""效应说"等一系列观点。"需要说"认为，价值即客体能够满足主体的一定需要；"属性说"认为，价值是客体能够满足主体需要的那些功能和属性；"劳动说"认为，价值是主体改造客体的一切付出；"关系说"认为，价值是客体与主体需要之间的一种特定关系；"效应说"认为，价值是客体属性与功能满足主体需要的效应，是客体对主体的功效。由此可见，对于价值究竟是什么，人们众说纷纭。但是，"不论从哪种观点来看，有一点是共同的，就是价值总是涉及主观和客观的某种关系，也就是合目的性关系。价值首先当然是一种主观评价的结果，但它不是单纯主观的，也不只是客观的，而是主观中指向客观、客观而又适合于主观的东西。就此而言，价值只和人以及人类社会有关"[①]。小学教育的价值应从文化这个源头去寻找。

文化的价值乃是促进人类生命的优化，小学教育蕴含着文化规定性，具有多重价值取向。

### 一、文化规定性

提到"教育"与"文化"，人们通常认为教育能够传承文化，能够通过选择与整理文化来改造文化，能够通过培养具有创新精神与能力的人来创造文化。但同时，我

---

① 邓晓芒. 对"价值"本质的一种现象学思考［J］. 学术月刊，2006（7）：45-52.

们也要看到教育不仅是文化传承、改造和创造的手段，本身也是一种特殊的文化。文化是人的自我生命存在及其活动，是人们长期以来形成的稳定的生存方式。教育，特别是学校教育，正是人类历史地凝结成的稳定的特殊生存与发展方式，是人类整体文化的一个重要组成部分。可以说，学校教育作为一种特殊的"文化"，一旦生成，一方面，对置身于这一文化之中的个体生存具有制约作用，成为个体生存的内在"血脉"；另一方面，构成了社会运行的内在机理，深层次地影响着社会的经济、政治和其他领域的发展。这就是教育的文化规定性。

小学教育是在人类学校教育历史中逐渐分化和成熟的教育形态，是学校教育的有机组成部分。从历史发展来看，小学教育始终是一种文化活动。虽然小学教育经历了漫长的发展过程，每一阶段都呈现出不同的特征，但总体而言，人们一直将小学教育当成一种值得追求的促进小学生的生命成熟、发展的方式，且"小学生"的范围从最初的特权阶级逐渐扩展至普通大众。简而言之，小学教育运用专门的文化方式，采用专门的文化内容，满足适龄儿童的学习需要，以有效地促进儿童茁壮成长。

文化不是从天而降的，是人类在漫长的历史长河中为了满足自身的多方面需要而创造出来的。正是文化产生与发展的这种"人为"过程，决定了文化具有"为人"的本性，决定了文化的"灵魂"就是"为人"的取向[①]，即文化的目的在人、价值在人，既着眼于人、着意于人与服务于人，也服从和满足人的需要与利益。也就是说，文化由人创造，文化的意义和价值也是由人赋予和认可的。

## 二、小学教育的多重价值取向

从小学教育的文化规定性来看，小学教育蕴含着优化小学生生命的价值诉求。但是，这一价值诉求又表现出多重价值取向。习近平总书记在中共中央政治局第五次集体学习时强调："基础教育既要夯实学生的知识基础，也要激发学生崇尚科学、探索未知的兴趣，培养其探索性、创新性思维品质。"据此，小学教育需要兼顾多重价值取向。

一是"传授知识"的价值取向。传授知识是小学教育的一种重要价值取向，但这样的价值取向容易被推向极端，形成一种畸形的教育状况。比如，有教师认为语文课、数学课是长知识的课，学生必须要学而且要学好。体育与健康课和艺术课则是可有可无的。

二是"培养能力"的价值取向。这一取向下的小学教育重在引导小学生学会思考，掌握寻找解决问题的答案的方法。

三是"养育生命"的价值取向。养育生命不仅表现为教师对学生的关心、照料、呵护和爱，还表现为教师通过教育教学活动引导学生逐渐学会养育自己的生命，形成自我养育的意识和能力。"养育生命"的价值取向是小学教育的内在需要。

---

① 郭湛. 文化：人为的程序和为人的取向 [J]. 中国人民大学学报，2005（4）：24-31.

瑞士教育家裴斯泰洛齐（Pestalozzi，J. H.）把自己的一生奉献给针对广大贫苦儿童的初等教育事业，被誉为"世界初等教育之父"。1798年，瑞士发生了资产阶级革命，他谢绝了革命政府对他的重要委任，做了一名小学教师。不久，他受命去斯坦兹主办一个孤儿院，一个人负责80多名儿童的生活和教育教学工作。他以斯坦茨孤儿院为实验基地，在那里建立纯洁而简单的家庭式生活，目的"在于使他们过着共同的新生活，有新的力量，在孩子们中间唤醒他们兄弟般的情谊，使他们成为热情的、公正的和亲切的人"①。经过数月的努力，他的工作取得显著的成效，这让他信心倍增，他说："我要用实验来证明，如果公共教育对人类有任何真正价值的话，它必须摹仿家庭教育的优点"，因为"假如学校教育不考虑家庭生活的情况，以及一切和一个人的普通教育有关的所有其他东西，它只会导致人为地和系统地阻挠人的成长"。② 在这里，裴斯泰洛齐以自己的行动和成功，以自己的著述和倡导，提出了要以家庭教育的优点来弥补学校教育的缺陷，特别是人际交往感情淡化等缺陷。

时隔百年，裴斯泰洛齐的这一追求和思想似乎已经被尘封。在现实生活中，不少小学教师有意或无意地认为小学教师的职责仅仅是备课、上课，除此之外，都是教师的分外之事。在这样的教育取向的支配下，他们自然视照料和呵护儿童为"保姆"的工作，无法从根本上悦纳小学教育工作。可以说，在日益强调小学教育普及知识、提升能力等价值的今天，人们在很大程度上遗忘了对于处在生命初始阶段的小学生而言，小学教育还内在地具有照料和呵护的价值。当儿童生病时，教师需要予以关心；当儿童孤独时，教师需要给予陪伴；当儿童犯错时，教师需要细心引导；如此等等。

概括来说，小学教育不仅具有传授知识与培养能力的教育价值，还具有养育生命的价值；传授知识、培养能力是所有学校教育的固有价值，养育生命则是小学教育向家庭教育吸收优点而形成的独特价值。三者的整合，即小学教育的价值取向。

## 第二节 小学教育的功能特性

本节知识点：教育结构与社会结构的关系；奠定基础的功能定位

---

① 裴斯泰洛齐. 与友人谈斯坦兹经验的信［M］// 张焕庭. 西方资产阶级教育论著选. 2版. 北京：人民教育出版社，1979：199-200.
② 裴斯泰洛齐. 与友人谈斯坦兹经验的信［M］// 张焕庭. 西方资产阶级教育论著选. 2版. 北京：人民教育出版社，1979：197.

小学教育具有多种多样的功能。但是，从根本上说，小学教育在教育结构中所处的地位以及教育结构与社会结构的紧密关系，决定着小学教育的基本功能是奠定基础。

## 一、社会规定性

教育结构是社会历史发展的产物，总是受社会结构的制约。小学教育是教育结构中的一个实体，同样与社会发展息息相关，这就是小学教育的社会规定性。

### （一）教育结构与社会结构的关系

教育结构指的是教育活动的各种要素及其相互关系根据一定的比例和秩序所形成的系统。教育结构包括教育的层次结构、教育的形式结构和教育的布局结构等。教育的层次结构是指按不同教育阶段划分的教育结构，如学前教育、小学教育、中等教育及其所占的比重。教育的形式结构是指按不同教育类型划分的教育结构，如全日制教育、非全日制教育等。教育的布局结构是指按不同地理位置划分的教育结构，如城市学校、乡村学校等。社会结构制约着教育结构，教育结构影响着社会结构。

☞ 教师资格考试《教育教学知识与能力》笔试考点：了解有关教学学、心理学的基础知识。

#### 1. 社会结构对教育结构的制约

总的来说，社会生产力的发展及其带来的社会分工和社会分化，以及由此形成和不断变化的社会结构对教育结构起着制约作用。这主要表现在以下方面[①]：

其一，生产资料和生活资料的占有与管理结构对教育结构的作用。占有生产资料和生活资料的社会阶级与阶层，不仅具有一定的教育权和受教育权，而且把他们的利益和愿望通过对教育结构的规定表现出来，即根据他们的要求设置各种学校，制定一定的制度规范，并形成某种教育关系。

其二，社会的人口结构对教育结构的制约和影响。一般来说，社会的人口结构主要是指在社会总人口中不同类型（如不同年龄、不同性别、不同文化程度等）人群之间的比例关系。随着社会的发展，人口结构是不断变化的。由于不同群体的人对于教育的需求是不同的，因此，与一定人口结构相适应的教育结构也是不同的。

例如，在一个低龄化的社会中，青少年人口的比例较大，基础教育在整个教育结构中占有较大的比例。随着社会人口发展高峰的不断变化和转移，教育结构的形态也将发生一定的变化。就我国目前的情况看，由于少年儿童的数量不断减少，小学的数量已经出现了一定程度的萎缩。

除此之外，劳动分工以及由此形成的产业结构和就业结构、社会阶级和阶层结构等都会对教育结构的特点和形态产生一定的影响。

---

① 谢维和. 教育活动的社会学分析：一种教育社会学的研究［M］. 2 版. 北京：教育科学出版社，2007：517-519.

### 2. 教育结构对社会结构的影响

教育结构对社会结构的重要影响主要表现在两个方面：一是通过对社会结构的复制，维护社会的稳定；二是通过对社会结构的优化，促进社会的发展。[①]

教育结构对社会结构的复制，即通过各种类型和层次的教育以及它们对各种人才的选拔与分配，使社会已经存在的各种结构，包括经济结构、政治结构、阶级和阶层结构以及人口结构等得以保存和延续。

教育结构对社会结构的优化，即通过教育结构的选拔和再生产的功能，促进社会的平等与公正。一方面，教育的普及使更多的人能够接受教育，这改变了过去教育只是少数人的特权的不公正现象，从而促进了整个社会的平等；另一方面，教育促进社会的合理流动，特别是使人们通过接受教育获得更好的发展。

### （二）小学教育是一个教育结构实体

教育结构的内容十分丰富，所涉及的方面也较为广泛，一般而言，可以划分为实体性教育结构和规范性教育结构。[②] 实体性教育结构是指由一些具有实体性的结构要素所构成的教育的结构形态；规范性教育结构是指约束不同教育活动的规范和制度。从根本上说，各种实体性要素的活动，以及这些要素与其他要素之间的联系，常常与社会的政治活动相关，受到一定规范和制度约束。

在长期的社会发展过程中，人类社会形成了较为稳定的教育结构。在我国，教育结构主要是指小学、中学、大学这三个层次的教育及其关系。小学教育是整个教育结构中的一个实体，并有相应的教育制度对其进行规范。由于教育结构与社会结构紧密相关、相互作用，小学教育作为教育结构中的一个实体性要素和制度化存在，也具有社会规定性。

## 二、奠基性

小学教育的奠基性主要表现在为学生发展奠定基础、为教育发展奠定基础和为社会发展奠定基础三个方面。

### （一）为学生发展奠定基础

小学教育为学生发展奠定基础的功能主要表现在以下两方面：第一，促进大脑发育，为学生的全面发展奠定生理基础。小学教育阶段是学生身体发育的重要阶段，对于大脑的发育更是如此。具体而言，大脑发育与语言学习能力的发展密切相关。小学低年级是培养学生汉字识记和阅读能力的关键期，如果错过这一关键期，学生的语言

---

① 谢维和. 教育活动的社会学分析：一种教育社会学的研究［M］. 2版. 北京：教育科学出版社，2007：525-527.

② 谢维和. 教育活动的社会学分析：一种教育社会学的研究［M］. 2版. 北京：教育科学出版社，2007：504-505.

习得能力会减弱。① 大脑发育还和思维水平的发展密切相关。个休与创造性、问题解决、反思、分析等高阶思维相关的脑区（额叶）成熟较晚，因此，对学生运用多步骤解决问题等的训练应从小学中年级开始。② 抓住学生成长的关键期，提供充分且积极的外部刺激，促进学生大脑的发育，是小学教育的重要价值之一。第二，注重德性养成，帮助学生扣好人生第一粒扣子。学生不仅要有科学知识、世界眼光和全球意识，更要有良好的品德。小学阶段是学生个性倾向开始显露的时期，也是养成良好人格品质的重要时期。为此，小学教育不能片面关注智育，加重学生的学业负担。小学教育既要顺应儿童天性，又要帮助儿童节制私欲，使儿童能走向和谐状态；既要使儿童自爱，又要使儿童学会同情，使儿童具有社会性；既要使儿童通过模仿榜样，在内心播下德性的种子，也要使儿童亲身体验，唤起儿童对德性的渴望。③ 小学教育对儿童德性的塑造将影响其终身发展。第三，小学教育阶段是学生习惯养成的基础阶段。习惯不只是对外界环境刺激的被动适应，更是一种积极主动的行为，学生在小学阶段形成的良好习惯将对他们的未来发展产生重要影响。④ 陶行知先生曾提出应养成"每天四问"的习惯，即"我的身体有没有进步？""我的学问有没有进步？""我的工作有没有进步？""我的道德有没有进步？"⑤ 而养成专一、搜集、钻研、剖析和坚韧的习惯则有助于学问的进步。⑥ 学生在小学阶段养成定期反思身体进步、学业进步和道德进步等习惯，有利于持续发展。

### （二）为教育发展奠定基础

小学教育作为学生接受正规学校教育的第一个阶段，是整个国民教育体系的基础环节，发挥着为整个教育系统的发展奠定基础的功能。

从根本上说，中等教育和高等教育的发展必须以小学教育的发展为基础和前提。只有具备了普及的、优质的、发达的小学教育，才可能有高质量的中等教育和高等教育；反之，中等教育和高等教育的发展就无从谈起。当代教育体系的连续性和连贯性使小学教育的基础功能得到了前所未有的增强。正是在这个意义上，当代小学为教育发展奠定基础。

### （三）为社会发展奠定基础

我国普及小学教育，实际上也是要为一批又一批小学生的全面发展打下基础，进而为社会的整体发展奠定坚实的基础。党的二十大报告指出，教育是国之大计、党之

教师资格考试《综合素质》笔试考点：了解国家主要的教育法律法规。

① 周加仙，王豫笛，陈天宇，等. 教育神经科学视角下小学汉字学习的教学设计与运用［J］. 上海教育科研，2023（8）：6-14.
② 苏泽. 人脑如何学数学［M］. 赵晖，等译. 上海：上海教育出版社，2019：85.
③ 刘莉. 从自然到德性：教育引导与儿童生命空间的开启［J］. 教育发展研究，2019，39（2）：33-40.
④ 谢维和，李敏. 小学教育原理［M］. 北京：高等教育出版社，2021：11.
⑤ 陶行知. 陶行知文集［M］. 太原：山西教育出版社，2021：35.
⑥ 陶行知. 陶行知文集［M］. 太原：山西教育出版社，2021：39-41.

大计。教育的根本任务在于立德树人，培养德智体美劳全面发展的社会主义建设者和接班人。习近平总书记在中共中央政治局第五次集体学习时指出："建设教育强国，基点在基础教育。基础教育搞得越扎实，教育强国步伐就越稳、后劲就越足。"在我国，小学教育要为党育人、为国育才，支持教育强国建设，以服务中华民族伟大复兴为重要使命。充分把握小学教育在整个教育体系中具有的基础地位并切实发挥其独特价值，对我国社会的发展和民族的进步具有重大意义。

## 第三节　小学教育的活动特性

本节知识点：小学教育的心理规定性；小学生学习的神经活动基础

本节技能点：心理逻辑主导的活动意识

小学教育的价值特性以及功能特性，都需要在一系列具体的活动中彰显和实现。小学教育的心理规定性，揭示了小学教育心理逻辑主导的活动特性，即教师需以心理逻辑主导的方式或路径来开展小学教育的具体活动。

### 一、心理规定性

教师开展教育活动，首先需要了解学生的心理，这一点毋庸置疑。杜威（Dewey, J.）形象地描述："心理的考虑也许会遭到忽视或推在一边，但它们不能被排除出去。把它们从门里赶出去，它们又从窗子里爬进来。"[①] 小学教育活动尤其如此。小学生的心理特点是开展小学教育活动的重要根据，这就是小学教育的心理规定性。

#### （一）开展教育活动的内在逻辑

一般来说，开展教育活动的内在逻辑包括无逻辑、知识逻辑和心理逻辑三种。

无逻辑，是指不依据任何逻辑开展教育活动。这类教育活动或由教育者的个人喜好决定，或因教育者的一时冲动开展。想怎么进行就怎么进行、具有随意性是此类教育活动的共同特点。

知识逻辑，是指主要依据学科知识逻辑来开展教育活动。这主要表现为：利用

---

① 杜威. 学校与社会·明日之学校 ［M］. 赵祥麟，任钟印，吴志宏，译. 北京：人民教育出版社，1994：130–131.

各种不同学科的体系和结构等逻辑构建起学校课程，具体划分出课程的内容顺序、学习时数和期限，引导学生分门别类地进行学习。同时，教师在开展教育活动时，着眼于给学生讲清、讲透相应的知识；教师认为改进教育活动就是通过提高所讲信息的清晰度，有效地将知识传递给学生。这是一种从学科知识逻辑出发开展教育活动的取向。

心理逻辑，是指主要依据学生的认知特点和个性心理品质等来开展教育活动。教师首先需要有意识地了解特定学生的心理特点，进而开发出符合学生心理特点的，有利于学生增长知识、提升能力以及升华情感的教育活动。这是一种从学生心理逻辑出发开展教育活动的取向。

### （二）小学教育活动中的心理逻辑优势

无逻辑地、随意地开展教育活动，是教育活动成效不佳的重要原因。目前对于开展教育活动的内在逻辑的争论，主要集中于知识逻辑和心理逻辑两个方面，人们或各执一端，或主张折中。实际上，两者的整合是大势所趋。从有效获得教育成效的角度考虑，不论是知识逻辑还是心理逻辑的取向，都无法完全拒斥对方，走向学科知识逻辑和学生心理逻辑的统一，是教育活动有效实施的基本保证和理想追求。

那么，在承认并追求知识逻辑与心理逻辑整合的前提下，小学教育活动究竟应该以哪一种逻辑为主导展开呢？通过比较小学与大学教育活动的不同，我们对这一问题会有比较清晰的答案。

大学教育是以专业的形式展开的，不同专业的大学生需要清晰、深入地掌握自己专业领域的知识，形成扎实的专业功底，这就要求大学教育活动要以学科知识逻辑为主导。同时，由于大学生的观察、记忆、想象、思维等能力已经趋于成熟，他们可以调动自己的各方面能力来理解学科知识，这使大学教育活动以学科知识逻辑为主导具备了可能性和可操作性。但是，小学教育面对的是各方面能力尚未发展成熟的小学生，教育活动需要更多地考虑如何将要学习的内容转化为学生可以接受、乐于接受的内容，需要更多地考虑如何通过学习促进学生观察力、记忆力、想象力和思维力等的发展，进而为其今后的进一步深入学习奠定基础。因此，小学教育活动要以学生的心理逻辑为主导。

心理逻辑在小学教育活动中已经受到了一定的重视。比如在小学数学教学中，教师将新授课、练习课、复习课等课型进行扩展，设立了准备课、兴趣课、思维训练课等，改变了教师讲、学生听，教师演示、学生看的局面，学生能够充分参与学习活动，在参与中发展思维。

## 二、心理逻辑主导的活动准则

心理逻辑主导是小学教育的活动特性。这意味着小学教师开展小学教育活动时，需要以心理逻辑主导为准则，树立心理逻辑主导的活动意识，创新心理逻辑主导的活动方法。

## （一）树立心理逻辑主导的活动意识

小学教师只有以小学生的心理为支点，关注小学生的心理，顺应小学生的心理，才能促进小学生的发展。具体而言，教师不仅要关注小学生注意、记忆、思维等认知领域的特点，还要关注小学生独特的心理品质，比如性格、兴趣、意志力等。在此基础上，教师要顺应小学生的心理特点，根据小学生的心理特点创设、组织学习活动，比如顺应小学生爱玩、好奇心强的心理特点，创设游戏学习情境，让小学生在玩中学，从而最大限度地促进小学生的发展。

## （二）创新心理逻辑主导的活动方法

树立心理逻辑主导的活动意识之后，教师还需要创新一些活动方法来组织这些活动。比如本章"小学写真"中吴正宪老师开发的"智慧人"，即是以学生心理逻辑为主导的活动方法。此外，吴正宪老师在小学数学教学中，常引导学生在生活中学数学、在活动中学数学、在合作中学数学、在问题中学数学、在对话中学数学、在涂画中学数学，帮助学生获得兴趣与自信，满足学生的发展需求，提高其数学思维能力和实践能力，使其得到可持续的进步与成长。[1] 当前小学教育领域的现状是，许多教师已经具备心理逻辑主导的活动意识，但是往往不能开发出适宜的、新颖的、有效的活动方法。2016 年，习近平总书记在北京市八一学校考察时强调，广大教师要"做学生创新思维的引路人"。比如，教师自身首先要学会创新。创新通常来自有取舍的模仿和持续的思考。模仿应博采众长，正所谓"博取众家长，始得龙凤飞"。

**案例分析**

### 模拟表演"狐假虎威"

○ 背景

在讲授《狐假虎威》一课时，于永正老师在传统小学语文课堂"分角色朗读"的基础上，引入模拟表演的形式，引导学生研读课文，这使课本上抽象的语言文字生动、具体起来，活跃了学生的思维，学生有了身临其境之感。

○ 课堂实录 [2]

师：下面两节就是写他们到森林去的情境，写得非常精彩。请仔细读一读，过一会儿，我请几个小朋友把这两节写的事表演一下。要想演好，必须读好。

（学生认真读书。之后，老师找了五位小朋友，一位戴上老虎头饰，一位戴上狐狸头饰，另外三位分别戴上小鹿、兔子、野猪头饰。）

师：其余同学都来当导演，导演更了不起。各位导演看看，狐狸和老虎谁在前，谁在后，为什么？请读书，根据书上的要求指导。

① 吴正宪，张丹. 儿童数学教育的内涵与实践探索［J］. 教育科学研究，2020（2）：75-77.
② 胡海舟. 简析于永正掀起课堂教学高潮的艺术［J］. 语文教学通讯，2003（16）：23-25.

生：狐狸在前面走，老虎跟在后面走。因为书上说："再往狐狸身后一看，呀，一只大老虎！"

生：图上画的狐狸在前，老虎在后。

师：这两位导演读书很认真。小兔啦，野猪啦，应在什么地方？

生：它们在森林深处，要站得远一点。

师：（问"老虎"）你东张西望什么？

"虎"：我看看动物们是不是怕狐狸。（众笑。）

（"狐狸"和"老虎"继续往前走。"小兔""小鹿"等一见"老虎"，"呀"的一声，撒腿就跑。）

师：（问"小鹿"）你为什么跑？害怕谁？

"鹿"：我怕的是老虎。

师：不是怕狐狸？

"鹿"：谁怕它呀！（众笑。）

师：同学们，不，各位导演们，对他们的表演有什么意见吗？

（小朋友们给予了充分的肯定。）

○ 分析

凡是听过于老师上课的人都有一个强烈的感受：活泼、生动、充满魅力。而且，于老师的教学风格外"活"内"实"，此处即在鲜活的情境演绎中，引领学生深入体会"狐假虎威"一词的含义。当学生爱上课堂，当学习成为乐趣时，教育教学活动也就踏上了成功之路。在小学教育界，已有不少教师在创新心理逻辑主导的活动方法上作出了宝贵的探索，这非常值得其他教师借鉴、学习。

**学习活动** | 在学习案例《模拟表演"狐假虎威"》后，结合本章所学内容对自己撰写过的一份教学设计进行改进，或撰写一份新的教学设计，思考如何体现心理逻辑主导的活动准则，并以说课的形式与同学分享，邀请同学进行点评。

### （三）关注小学生学习的神经活动基础

教育神经科学重视从生理层面揭示学习心理活动的特点与规律，为小学教育的理论与实践打开了新的视野，其研究成果对小学生的记忆巩固、科学概念学习、情绪调控与品德学习等诸多领域都产生了重要影响。

教育神经科学研究结果指出，当感觉输入被传递至海马——邻近杏仁核的一个脑结构时，它就得到巩固并且被存入记忆中。要想"巩固"得以发生，大脑需要激活先前存储在记忆中的知识，将其转移到海马中并与新的信息联系起来。对此，教师可以采用那些有助于学生将新信息与记忆中的已有知识关联起来的策略，帮助学生巩固记忆。比如，运用类比帮助学生识别事物异同点，引导学生集体讨论已掌握的知识以及希望学习的新知识等。① 思考、创造和问题解决大多在大脑灰质这个皮层进行。随着大脑尺寸的增长，灰质的容量从儿童期到青春期都保持持续增长，这意味着，小学生在中年级时能应对那些难度不断加大的问题，并不存在所谓的"学习间断期"。②

已有研究结果还提供了关于科学概念学习的神经科学证据。学生正式学习科学概念之前，根据日常生活经验对客观世界的各种现象已经形成了自己的想法，这些想法通常是基于个人直觉对自然现象作出的解释，被称为前概念。有些前概念是片面的，甚至与科学概念相悖，影响学生对科学概念的正确理解。因此，促进学生的前概念发生转化、重建并建立正确的科学概念十分重要。学生运用前概念解决问题时，大脑倾向于后部脑区的感知觉加工；采用学习后获得的科学概念解决科学问题时，大脑则更倾向于前部脑区抑制、推理等高级认知加工。这就意味着教师需要为学生提供针对性的指导与训练，如明确告知学生可能存在的错误前概念、提醒学生用基于逻辑的推理而不是凭感觉给出答案等。③

教育神经科学发现积极情绪促进多巴胺的释放，有助于增强学生的注意力和认知持久性，促进学生创造性地解决问题。焦虑与失望等负面情绪则容易分散学生的注意力。有研究者发现，负面情绪主要通过杏仁核、海马和应激激素的调节作用影响学习与记忆，对学习方式和学习策略的运用等都会产生阻碍作用。因此，教师需要及时发现学生的情绪问题，注意调动学生深层次的学习动机。

道德认知神经科学研究表明，儿童的道德判断是认知与情绪整合的过程，是不同情境下认知推理和情绪直觉共同作用的结果，在某些道德情境中，情绪直觉起着主要作用。这就为有效德育要重视道德情感激发而不能囿于道德认知等决策提供了生理证据。④ 而且，德育不宜以灌输的形式进行，教师应做到以下几点：（1）注重活动形式的多样性。综合运用认知法、游戏法、测验法、经验交流法、讨论法、角色扮演法、行为改变法和实践操作法等。神经科学研究常使用道德两难故事创设两难困境，分析面对两难困境时个体的大脑激活情况是怎样的以及道德是如何在大脑中加工的。道德两难故事可以开发为教育活动，让学生明晰自身价值观念，进行道德判断、道德选择、道德想象与道德推理⑤，促进学生道德水平的提升。（2）注重环境设计的互动化。主要通过师生与生生之间民主、平等的多向交流活动来实现。（3）建立积极的评价机

---

① 舒翊. 心智、脑与教育：教育神经科学对课堂教学的启示［M］. 周加仙，等译. 上海：华东师范大学出版社，2013：47.

② A. 苏泽. 人脑如何学数学［M］. 赵晖，等译. 上海：上海教育出版社，2019：85.

③ 朱艳梅，陈沙沙. 基于脑科学的概念转变抑制理论及其对科学教育的启示［J］. 东南大学学报（哲学社会科学版），2020，22（S2）：126-130.

④ 周加仙. 基于证据的教育决策与实践：教育神经科学的贡献［J］. 全球教育展望，2016，45（8）：90-101.

⑤ 曾文婕. 德育课程创新何以可能：来自脑科学的启示［J］. 南京社会科学，2021（2）：141-149.

制。对学生在课堂上的发言和表演等活动多采用积极的评价，尽量不作否定性评价。①

小学教师需要关注如何根据学生大脑与认知发展规律来创设教学环境、组织课程内容、评估学生学习能力、诊断学习困难学生等。但需要注意的是，当前某些教育产品夸大了其在儿童发展中的作用，因此，广大教育工作者需要形成批判意识，鉴别出真正的教育神经科学研究成果，合理运用相关知识。

## 学习评估

请对自己的学习情况进行评估，如已达到要求，在相应方框内打"√"。

□ 我已了解小学教育的文化规定性。

□ 我已理解小学教育的多重价值取向。

□ 我已了解小学教育的社会规定性。

□ 我已理解小学教育奠定基础的功能定位。

第二章试题

□ 我已理解小学教育的心理规定性并掌握教学要遵循学生心理逻辑的原则。

□ 我已对"小学教育要符合小学生的心理特点才能成功"有所体悟。

□ 我认识到教育神经科学研究对小学教育发展的重要意义。

## 扩展阅读

请利用课余时间阅读以下文献，并做好读书笔记。

1. 叶澜. 教育概论［M］. 北京：人民教育出版社，2006.

该书第一章为"教育——复杂、开放的社会系统"，第二章为"教育与社会（上）——教育与社会相互关系的历史演变"，第三章为"教育与社会（下）——当代教育与社会各子系统的相互关系"，第四章为"教育与人的发展（上）——教育与个体发展相互关系的一般理论概述"，第五章为"教育与人的发展（下）——人生阶段与教育"，第六章为"社会、教育、人之相互关系"，结束语为"教育的基本特征"。阅读该书有助于教育工作者了解教育系统的基本结构，认清教育、社会与人三者之间的关系，把握复杂教育现象的基本特征。

2. 谢维和，李敏. 小学教育原理［M］. 北京：高等教育出版社，2021.

该书围绕小学教育的特性、规律、地位和主要范畴等问题进行基础性探究。全书共十章，分别为"小学教育的地位""小学教育的观念""小学的学与教""小学的课程""小学的五育""小学的福利""小学教师""小学教育管理""小学教育评价""小学教育的风险"。该书能够为小学教师的发展提供理论与实际相结合的专业指导。

3. 吉克. 教育神经科学在课堂［M］. 周加仙，译. 上海：上海教育出版

---

① 江琦，纪婷婷，邓欢，等. 道德判断的认知神经科学研究进展及其对中小学道德教育的启示［J］. 教育发展研究，2012，32（22）：64-69.

社，2020.

该书以教育神经科学的视角聚焦课堂教学与课程设计中的一些重要问题，为教师提高教学质量提供了新的思路。全书共十章，分别为"为什么是教育神经科学""神经影像技术""学习与记忆""工作记忆与智力""创造力与想象力""社会化、情绪与动机""语言与读写能力""计算能力与数学""艺术类课程""教育神经科学的未来"。

## 反思·探究·对话

以本章内容和扩展阅读为切入口，每位同学进行广泛阅读，在此基础上就"如何实现小学教育养育生命的价值特性、奠基性和心理逻辑主导的活动特性"分别提出三大措施，选择自己最满意的一条措施参加全班举行的"擂台赛"。

先由一人担当擂主陈述自己所提措施的可行性与创新之处等，其他成员发起质疑和挑战。如挑战者获胜，则获胜的挑战者成为新擂主并陈述自己的措施。直到所有的挑战者参赛完后，最后守住擂台者获胜。

◇ 在擂台赛过程中允许通过网络查找资料。

◇ 教师为擂台赛的获胜者精心准备有纪念意义的奖品。

◇ 可以拍照和录像，将擂台赛的精彩瞬间在班级中分享。

第三章　小学生

思维导图

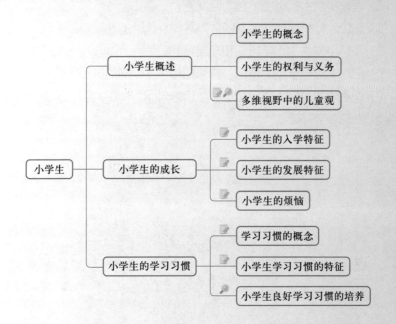

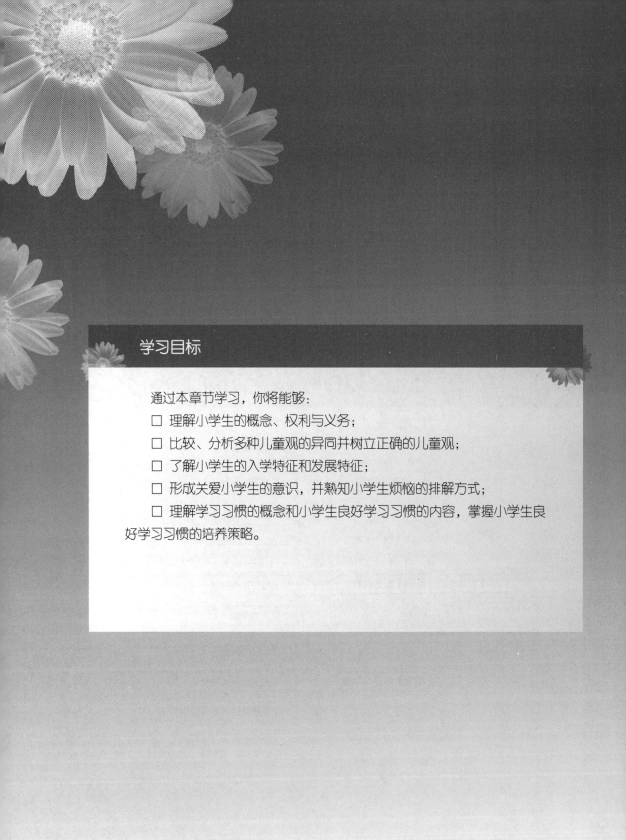

## 学习目标

通过本章节学习，你将能够：

☐ 理解小学生的概念、权利与义务；

☐ 比较、分析多种儿童观的异同并树立正确的儿童观；

☐ 了解小学生的入学特征和发展特征；

☐ 形成关爱小学生的意识，并熟知小学生烦恼的排解方式；

☐ 理解学习习惯的概念和小学生良好学习习惯的内容，掌握小学生良好学习习惯的培养策略。

### 基于儿童真实需求，探究幼小衔接的真问题

一位校长接手的学校正在开办小学部，迎面而来的便是幼小衔接问题，他最常被问到的是"孩子上小学前是否需要学好拼音"。校长不禁疑惑：难道幼小衔接就是提前学拼音？到底有多少孩子提前学过拼音？若真如某些家长所言，很多孩子在入学前已经学过拼音，那么小学的拼音教学又该怎样设计与组织？这些问题敦促着学校以拼音教学为切入点，寻找幼小衔接的真问题。

带着问题，校长一方面组织设计新生家长调查问卷，另一方面走进课堂进行观察和个案跟踪，与教师一起探索基于学前拼音基础差异的教学方式。调查发现，在一年级新生中，入学前已有拼音基础的孩子约占75%，其中基本能拼读的孩子约占23%。后续，学校又在不同区域同类学校新生中得到相似结论。基于现实，学校语文组将"变差异为资源，提升拼音教学兴趣和质量"作为一年级第一学期教研活动的核心主题，开展"我做小老师"和"拼音面对面"等活动，促进学生间的精准帮扶，这既可以消除零基础学生对拼音学习的恐惧，又可以促进已有拼音基础的学生的能力发展。

拼音教学结束后，学校教师围绕"儿童提前学习拼音对入学后学习适应性的影响"进行专题研讨。教师通过对群体和个案的跟踪分析发现，提前学拼音的孩子普遍比较自信、发言踊跃，但也常表现出听课不专注、模仿不仔细的现象，因此当"老本"吃完，仅有的优势便不复存在。而那些没有提前学拼音的孩子，开始学时比较艰难，个别孩子会有畏难情绪，但是只要专注听讲，愿意尝试和坚持练习，慢慢都能跟上学习节奏。最后的拼音过关结果显示，导致学生出现拼音熟练程度差异的并不是有没有提前学习，而是孩子是否具备良好的学习态度和习惯。更为重要的是，拼音零基础的孩子在学习过程中习得的专注与坚持将成为后续学习的保障，这些远比获得知识本身更为珍贵。[1]

无论是小学教育目标和内容的确定，还是小学教育环境和活动的设计，抑或是小学教育评价和研究的展开，都要以小学生成长与发展的特点为基本依据。党的二十大报告指出，"必须坚持系统观念""只有用普遍联系的、全面系统的、发展变化的观点观察事物，才能把握事物发展规律"。了解小学生，也要坚持系统观念，不仅要了解小学生的入学状态，还要了解其发展过程；不仅要了解其心理发展，还要了解其学习习惯的养成；等等。

---

① 王冬娟. 基于儿童真实需求　探索科学衔接之道［J］. 中小学管理，2022（7）：44-46.

## 第一节　小学生概述

本节知识点：小学生的概念；小学生的权利与义务；儿童观的定义

本节技能点：正确儿童观的树立

小学生是小学教育领域或机构里的一种身份。《中华人民共和国义务教育法》规定：凡年满六周岁的儿童，其父母或者其他法定监护人应当送其入学接受并完成义务教育；条件不具备的地区的儿童，可以推迟到七周岁。总体而言，我国小学生的年龄通常在六七岁至十二三岁之间。

### 一、小学生的概念

学生通常是指在各级各类学校或其他教育机构学习的人。按受教育阶段分，有小学生、中学生、大学生和研究生等。小学生则是指用专门时间在小学校里从事专门学习活动的人。这是一个制度化的用语，表达了社会对小学阶段学生的角色期望和规定，明确了小学生的主要任务是"学习"。

与"小学生"紧密相关的一个称谓是"儿童"。儿童是指身心处于未成熟阶段的未成年人。"小学生"与"儿童"这两个概念，在逻辑上有不同的归属。小学生是围绕着"学习"这种活动而形成的概念，由此产生了"小学教师"与"小学生"这组概念。儿童是围绕着"身心发展水平"而形成的概念，由此产生了"儿童""少年""青年"等一系列概念。尽管"小学生"和"儿童"在逻辑归属上有所不同，但两者存在交集，有着密切的内在关系。在一定意义上，小学生首先是处于一定年龄的儿童。出于对儿童天性的尊重以及文化习惯等多种原因，人们通常称小学生为儿童。

### 二、小学生的权利与义务

小学生享有法定权利，也应履行相应的义务。

#### （一）小学生的权利

《中华人民共和国教育法》规定，公民不分民族、种族、性别、职业、财产状况、宗教信仰等，依法享有平等的受教育机会。受教育者享有下列权利：参加教育教学计划安排的各种活动，使用教育教学设施、设备、图书资料；按照国家有关规定获得奖学金、贷学金、助学金；在学业成绩和品行上获得公正评价，完成规定的学业后获得相应的学业证书、学位证书；对学校给予的处分不服向有关部门提出申诉，对学校、教师侵犯其人身权、财产权等合法权益，提出申诉或者依法提起诉讼；法律、法规规定的其他权利。

### （二）小学生的义务

《中华人民共和国教育法》规定受教育者应当履行下列义务：遵守法律、法规；遵守学生行为规范，尊敬师长，养成良好的思想品德和行为习惯；努力学习，完成规定的学习任务；遵守所在学校或者其他教育机构的管理制度。

案例分析

**值得关注的"中等生现象"**

○ 案例 ①

从一年级到现在，我一直做着平凡的中等生。做尖子生这辈子恐怕是没希望了，智力有限，还不肯整日泡在书本和作业里；做差生容易，可我又没这个胆。

可我真恨自己是个中等生。老妈、老爸对人总是这样说："这孩子不上不下的，考名牌大学没什么指望，放弃了又太可惜，真是烦人啊！"老师更是忽略了我，鲜花般的微笑、阳光般的温暖都给了尖子生，个别辅导的机会和一些奖励性的话语又给了差生。我和其他那些"不上不下、不饥不饱"的中等生"难友"只能待在被遗忘的角落，没有"阳光雨露"，甚至连"雨雪风霜"都没有。

再想想平时，答题的机会大多数是差生的，"上黑板"的良机几乎被差生包揽；好不容易有个公开课，差不多又成了尖子生的专场。三好学生、优秀班干部没我的份儿，进步奖、鼓励奖更是被差生所垄断。为了不让老师忘记我的存在，只能故意制造些事端，结果还不能如愿，差生把那一点点骂都抢走了，那骂对我来说可都是爱和关注啊！

○ 分析

中等生"前不得高分，后不拉后腿"，普遍处于被遗忘的边缘。他们无论是取得进步还是有所退步，都不在教师关注的核心区域，他们难以得到应有的关注。这种学习机会不公的状况对学生的发展极为不利，亟待改变。

## 三、多维视野中的儿童观

儿童观是人们对儿童的根本看法与态度，它决定着人们如何"观"儿童。古往今

---

来，人们站在不同的立场，从未中断对儿童的探索，各种儿童观的博弈与嬗变也从未停息。大体来说，儿童观可以分为社会法规视野下的儿童观、学术理论视野下的儿童观和大众意识视野下的儿童观三大类。

### （一）社会法规视野下的儿童观

社会法规视野下的儿童观，是指国际组织或国家政府提出的对儿童应有的观念，通常以法律法规的形式表达。

1989 年 11 月 20 日，《儿童权利公约》（Convention on the Rights of the Child）由第 44 届联合国大会通过，1990 年 9 月 2 日正式生效。《儿童权利公约》共 54 条，将"儿童"界定为 18 岁以下的任何人除非对其适用之法律规定成年年龄低于 18 岁。其内在精神表现为如下四个基本原则：第一，儿童最佳利益原则。任何事情凡是涉及儿童的，必须以儿童利益为重。第二，尊重儿童尊严的原则。这条原则与儿童的生存和发展权利有关，但其意义不仅仅局限于生存，它指向儿童生活与发展的质量。第三，尊重儿童的观点与意见的原则。任何事情如果涉及儿童本人，必须认真听取儿童自己的观点与意见。第四，无歧视原则。不管儿童来自何种社会文化背景，不论出身高低、贫富，男孩还是女孩，正常儿童还是残障儿童，都应当得到平等的对待，而不应当受到任何歧视或忽视。[①]

《儿童权利公约》条文中表达的儿童观，对反思和引领小学教育有着十分重要的作用。例如，就尊重儿童的观点与意见的原则而言，教师往往习惯从自己的意愿出发，向学生提出要求，为学生安排活动，较少真正关注学生的需要和兴趣，倾听学生的想法和意见，满足学生的追求和愿望。在一定程度上，这既是对小学生不信任的表现——忽视了小学生的独特精神世界和现实才能，让教育沦为"支配"，也是专制教育的表现——不尊重小学生，缺乏设身处地为小学生着想的意识和能力，让教育沦为"控制"。可见，教师还需要进一步秉持尊重儿童的观点与意见的原则开展小学教育活动。

在我国，《中华人民共和国未成年人保护法》《中华人民共和国义务教育法》等法律法规，都从不同方面表达了社会法规形态的儿童观。

### （二）学术理论视野下的儿童观

学术理论视野下的儿童观，是指哲学、心理学、教育学、人类学等领域的学者所持的儿童观，通常以学术理论的形式表达。因为不同学者的着眼点不同，与儿童实际接触、交往的经验不同，个人的文化背景和思维方式不同，所以学术理论视野下的儿童观多元共存，在此择要介绍其中四种。

---

[①] 韦禾. 儿童的权利：一个世界性的新课题：中国履行《儿童权利公约》研讨会综述 [J]. 教育研究，1996（8）：76-79.

### 1. 遗传决定论的儿童观

在遗传决定论者看来，先天不变的遗传素质对人的发展起着决定性、根本性的作用，其他因素都是外在的、次要的和辅助性的。其代表人物是遗传学的探索者和优生学的奠基人高尔顿（Galton, F.）。1859 年达尔文（Darwin, C.）发表了《物种起源》，这一著作引起了他的表弟高尔顿的兴趣，促使其把注意力转向改善人类后代素质的研究。高尔顿曾对英国历史上的法官、政治家、军事家、文学家、科学家、诗人、画家、牧师等人物的家族进行系统考察，力图证明智力是遗传的，伟人或天才出自名门世家。

遗传决定论的儿童观认为，教育不能改变儿童天生的遗传素质，只能加速或延缓儿童遗传素质的实现。据此，小学教育要发现儿童潜在的优秀素质，并保证其得到充分展现和发展。

### 2. 环境决定论的儿童观

在环境决定论者看来，在人的发展中起决定性作用的是人的生活环境和后天所获得的教育引导。其代表人物是行为主义的创始人华生（Watson, J. B.）。他著名的言论是：给我一打健康而没有缺陷的婴儿，并在我自己设定的特殊环境中教育他们，那么我愿意担保，随便挑选其中一个婴儿，都能把他训练成为我所选定的任何一种专家——医师、律师、艺术家、商界首领乃至乞丐和盗贼，而不管他的才能、嗜好、趋向、能力、天资和他祖先的种族。

环境决定论的儿童观并不否认儿童的发展需要依赖一些遗传素质，但坚决否认遗传素质在儿童发展过程中起决定性作用，并确信后天的生活经历和环境在儿童发展过程中起决定性作用。这种观点彰显了教育对儿童发展的重要价值，但也直接导致了一些教育实践极其重视教师权威、书本知识和学校纪律，尤为希望通过控制儿童学习活动的环境、内容和方式来达到控制儿童发展的目的。可以说，这种观点在肯定儿童的发展具有可塑性的同时，也将儿童牢牢地禁锢住。

### 3. 辐合论的儿童观

在辐合论看来，人的发展并非由遗传决定，也非由环境决定，而是遗传素质和环境影响辐合的结果。其代表人物是美国心理学家伍德沃思（Woodworth, R. S.）。他认为，人的心理发展等于遗传和环境的乘积。

辐合论的儿童观认为，儿童发展是先天遗传与后天环境共同影响的结果。也就是说，教育者一方面需要注意对儿童发展规律与特点等的洞察，另一方面需要加强对儿童教育内容与环境等的设计。

### 4. 后现代理论的儿童观

后现代理论认可世界的多样性，提倡对儿童与儿童期作多样化的理解，认为传统儿童观存在如下缺陷：第一，盲目认为儿童期存在一个普遍的发展过程，遵循一种自然的发展顺序和法则，没有考虑儿童发展过程中家庭氛围、社会经济地位以及周围环境等因素的影响。第二，错误地推崇儿童无能论，假设儿童的状态是不成熟的，以被动、依赖为特征，缺乏理性和能力，认为在任何情况下成人都是对的，儿童都是错的。第三，笼统归纳儿童发展的普遍目标，即在个人、社会和政治方面获得自由、独立和自足，并获得理性思维，但实际上儿童发展目标是由所处社会的具体政治、经济和文化条件决定的，是不断变化的，尚无法用某种普遍标准进行统一。第四，过分渲染发展常态范围，认为与发展常态不一致的行为都是异常表现，由此，许多正常孩子被贴上了"问题儿童"的标签。①

以后现代理论的视角了解儿童，我们会产生一些新的看法，主要包括：第一，儿童向成人提出的一些看似奇怪的问题并不是他们一时的想法，而是他们试图与自己的经验保持一致的结果，是他们试图用已知的和可理解的要素来描绘世界的结果。第二，儿童的思维能力远远超过其表现出来的能力。当我们轻易地认为儿童还不能做某件事情时，或许我们应该仔细思考一下，我们自己是否真正理解这件事，我们以为是事实的东西在儿童眼中是否如此。必须弄清楚，我们是已经进入了儿童的世界，还是仍然处在成人的世界里自以为很理解儿童。第三，儿童不是以自我为中心的，他们全身心关注当前的现实。儿童是生活在当前的，他们用自己的身体和知觉去理解当前的一切。第四，儿童努力探寻世界的意义。儿童有一种理解周围世界的潜在愿望，并且愿意赋予他们遇到的各种事实和现象以不同的意义。这种意义与成人赋予的意义很可能有所不同，但并不表示儿童自己赋予的意义就是不正确的或者是没有理由的。第五，儿童通过填空的方式创造理论。由于我们给予儿童的有关世界的解释常常是不完整的，儿童常常会创造性地进行填空，企图创造一个与他们的知识和想法相匹配的完整世界。第六，儿童对情境具有依赖性。儿童主要基于事实发生的情境和各种条件赋予特定事实一定的意义。②

### （三）大众意识视野下的儿童观

大众意识视野下的儿童观，是指广大社会成员对儿童的看法，它渗透于日常生活之中，直接影响着人们对待儿童的态度与行为方式，通常以隐喻的形式表现出来，比如，儿童是"花朵"和"小天使"等。

花朵是美的象征，是需要保护的对象。"花朵论"一方面把儿童看成一个有独立存在价值的实体，承认儿童有自己固定的发展周期，承认儿童个体发展的差异性；另一方面又把儿童看成是脆弱的、易受伤害的、需要保护的对象。

小天使寄托着成人对儿童的殷切期望。"天使论"认为儿童是纯洁而美好的，但持这种看法的人通常把儿童看得过于神圣，不让儿童接触社会上的负面因素。同时，小天使又是神秘而遥远的。因此，"天使论"认为儿童是未知的，具有不确定性。

---

① 西蒙斯坦，常宏，赵振国. 儿童观的后现代视角 [J]. 幼儿教育（教育科学版），2007（2）：1-3.
② 西蒙斯坦，常宏，赵振国. 儿童观的后现代视角 [J]. 幼儿教育（教育科学版），2007（2）：1-3.

## 第二节 小学生的成长

本节知识点：小学生的入学特征；小学生发展的特征；小学生的烦恼

"以学定教"，就是要求教师深入分析学生，真正了解学生，在此基础上确定教育的内容、方法、进度和难度等，保证教育的预见性、针对性和有效性。概括来说，教师需要把握小学生的入学特征和发展特征，并通过一些有效策略来认识所教学生的具体特征。

### 一、小学生的入学特征

洛克的"白板说"在很大程度上肯定了教育的价值，凸显了教育的重要性。然而，"白板说"也带来一些负面影响，比如否定了学生的经验，抹杀了学生的个性。因此，我们必须辩证地看待这一学说，并清醒地认识到，学生进入小学时已经是一个有准备的学习者，储备了各种知识经验，拥有不同的学习风格、情绪与情感。简而言之，小学生的入学特征，是指学龄前儿童在即将接受小学教育时所具备的各种关键特征。

微课：小学生的入学特征

#### （一）小学生的主要入学特征

学生的入学特征主要包括家庭环境、已有知识、认知风格、志向与期望、学习动机以及学习情绪与情感六大方面。

##### 1. 家庭环境

家庭是社会的基本细胞，是人生的第一所学校。家庭环境、家教家风、父母的教养方式等，都对小学生的学校学习有着重要影响。

##### 2. 已有知识

学生已有知识的重要性在教育中早就被人提及。广义上，已有知识包括个体先前习得的各类知识、技能与能力，它们对一个或一套具体任务的学习来说是基础性的。狭义上，已有知识仅包括个体先前习得的各类知识。知识基础差异是导致个体认知成就差异的主要原因。

##### 3. 认知风格

认知风格是指个体在感知、记忆、思考、问题解决与反思等信息加工过程中表现出来的一贯和持久的倾向性，认知风格在多方面影响个体的学习。比如，研究者普遍认为，认知风格与创造性有密切的关系，不受思维定式的影响、乐于接受不确定性的学生更容易有创造性的表现。

### 4. 志向与期望

志向与期望是学生态度与行为中广受关注的话题，是指准备通过行动达到的目标。志向与期望表现了学生对已有社会条件下可能的目标的现实评估，既反映了学生对社会价值观的内化，也反映了父母渗透的价值观。认清、激发或强化学生的志向与期望，可以有效地优化其学习态度，增强其学习动机，进而提升其学业成就。

### 5. 学习动机

学习动机是在需要的基础上产生的，是直接引发、调节或维持学习活动的动力，它是学习过程及其结果的一个主要决定性因素。学生学或不学、学习什么、投入多少时间、效率怎样、熟练水平如何，都部分地取决于他们的学习动机强度。学习动机既受个体人格特征的影响，也受学习任务的内容与难度、教师的教育行为以及父母的教育方式等的影响。认清、辨明和把握这些个人和情境的复杂影响因素，教师就可以有效地激发和强化学生的动机，从而促进他们的学习，提高他们的学业成就。

### 6. 学习情绪与情感

学习不仅是一种认知过程，而且关涉着大量的情绪与情感问题。学习情绪与情感日益受到人们的重视。学习情绪与情感在很大程度上决定着学生的学习效果并影响其后续的学习态度与行为。消极情感严重影响学生的学习投入，降低其学业成就，甚至会导致长期的负面学习态度与行为。

文献:《"备学生"新论》

### （二）小学生入学的准备状态

根据以上六个方面的发展水平，小学生在入学时大致有两种状态，即入学准备不足和入学准备充分。

#### 1. 入学准备不足

入学准备不足，是指小学生入学时，在已有知识、学习动机以及学习情绪与情感等方面，未能达到开始正规小学教育的水平。针对小学生入学准备不足的问题，人们主要运用两种措施进行干预：第一种措施是在幼儿园中、大班发现入学准备状态不足的儿童，家长、幼儿园教师在学前阶段提前开展干预；第二种措施是在儿童入学后，小学教师通过日常观察发现准备不足的儿童，并在日常的课堂教学和课外辅导中，有针对性地引导和补救。新教师尤其需要有意识、有智慧地观察和鉴别班里入学准备不足的学生，并采取适当的方式予以帮助和指导。

#### 2. 入学准备充分

入学准备充分，是指小学生入学时，在已有知识、志向与期望、学习动机以及学习情绪与情感等方面，已基本达到了一年级所要求的水平。对入学准备充分的小学生，教师需要留意他们在小学各阶段、各方面的发展状况，善于把握其成长过程中的关键事件，并予以相应的教育。

（三）教师认识小学生入学特征的策略

每一位小学生的入学特征都是不同的，教师要利用各种有效策略来认识这些入学特征。这些策略主要有确定学生特征指标、搜集入学前的资料、开展入学后的日常调查、形成学生特征概念图。

1. 确定学生特征指标

教师既可以了解学生的家庭环境、已有知识、认知风格、志向与期望、学习动机、学习情绪与情感等主要特征，也可以灵活设置一些特征指标，如喜欢（或不喜欢）的老师、要好（或不合）的同学和喜欢（或讨厌）的活动等。这些指标构成了解学生特征的考察框架，教师最好列成表格，以便记录、整理、分析和使用，必要时可以在表格中链接一些典型的照片和文字等。

2. 搜集入学前的资料

根据确定的学生特征指标，教师入学前就可以着手进行资料搜集。主要方法有：（1）查看档案。分班后，教师应尽快细心查看每个学生的档案，对学生的家庭背景和成长历程等做到心中有数。（2）家访。在查看档案的基础上，如发现需要深入了解的学生，教师可与其家长联系，通过面对面、电话或网络等方式与家长沟通。（3）与幼儿园教师沟通。对个别情况特殊的学生，教师可与其幼儿园教师沟通、交流。（4）搜集学生作品。在了解过程中，教师可以搜集学生已有作业、试卷和作品等，掌握更多的学生学业表现方面的信息。

3. 开展入学后的日常调查

在学生入学后，教师需要根据学生的特征指标，在日常学习和生活中了解学生的情况。主要方法有：（1）现场观察。通过上课、组织活动、听课和出席学生的有关活动，现场观察并适时记录学生表现。（2）平时交谈。利用平时与学生交谈的机会，询问、聆听、感受学生的内心想法和成长境遇。（3）访谈调查。当面、电话或网络访谈家长和同学，了解和分析学生的各种表现。（4）分析作品。采取各种有效方法，搜集和分析学生的作业、试卷和作品等。

4. 形成学生特征概念图

教师需要明确归纳出每一个学生的具体特征，形成相应的概念图，进而增强教育教学的针对性和有效性。同时，学生特征概念图可随学生的发展进行适当的调整。

搜集和分析大量资料、洞察学生的特征并予以概括，对于教师来说是一项富有挑战性的任务，更是一项体现教师教育智慧的活动。基于学生具体特征的教育教学活动，更有可能取得显著的成效。比如，根据学生特征，对学生进行异质分组，增进他们之间的互动与互促；充分利用批改作业（或试卷）等时机，适时给予学生简明扼要的个性化评估，会产生锦上添花或雪中送炭的心灵交流效果。

## 二、小学生的发展特征

进入小学后，小学生在身心发展方面表现出一些普遍特征，同时在学习心理发展方面也表现出一些具体特征。

## （一）小学生身心发展的普遍特征

小学生的身心发展特征主要包括体质发展特征、认知发展特征和人格发展特征。

### 1. 小学生体质发展特征

☞教师资格考试《教育教学知识与能力》笔试考点：了解小学生身心发展的一般规律和特点。

2019 年，为贯彻落实习近平总书记在全国教育大会、全国卫生与健康大会上的重要讲话精神和《中国教育现代化 2035》等政策要求，教育部、国家体育总局和国家卫生健康委等 6 个部门在全国 31 个省（自治区、直辖市）和新疆生产建设兵团的 93 个地市 1 258 所学校部署开展了第八次全国学生体质与健康调研工作。

这次监测结果显示，我国学生身高、体重和胸围等身体形态发育指标持续向好。与 2014 年相比，2019 年全国 7—9 岁、10—12 岁男生身高分别增加 0.52 cm、1.26 cm，体重增加 0.61 kg、1.73 kg，胸围增加 0.53 cm、1.01 cm；7—9 岁、10—12 岁女生身高分别增加 0.72 cm、1.24 cm，体重增加 0.70 kg、1.64 kg，胸围增加 0.52 cm、1.03 cm。

但是，在学生体质总体水平有所改善的同时，仍有一些问题存在。比如，学生视力不良和近视率偏高、学生超重肥胖率上升和学生握力水平有所下降等。2021 年，教育部等五部门发布《关于全面加强和改进新时代学校卫生与健康教育工作的意见》，提出要"预防、控制学生近视、肥胖、脊柱弯曲异常等发生、发展"。小学教师也要对这些问题给予充分的重视，预防这些问题的发生。

### 2. 小学生认知发展特征

小学生在观察力、注意力、记忆力、思维力和想象力等认知方面，有着独特的发展水平和发展方式。

☞教师资格考试《教育教学知识与能力》笔试考点：了解小学生的认知特点。

（1）小学生观察力的发展。小学生观察力的发展有以下特征：在精确性方面，一年级学生不能全面、细致地感知事物的细节，只能说出客体的个别属性，随着年龄的增长，感知事物细节的能力逐渐提高；在目的性方面，学生的年级越低，排除干扰的能力就越差，集中注意力的时间就越短；在顺序性方面，一年级学生没有经过训练，观察零散、不系统，中、高年级学生有较大发展，观察有一定的逻辑；在判断力方面，随着年龄的增长，学生的判断力明显提高，特别是在三年级以后有显著发展。

为了有效地提高小学生的观察力，教师必须在教育教学过程中有意识、有计划地对此进行培养，如在学生观察之前提出明确的目的和任务要求，教授实现这些任务的具体方法。

（2）小学生注意力的发展。在小学阶段，学生的注意力表现出从无意注意占优势逐渐发展到有意注意占主导的趋势，而且带有明显的情绪色彩，具体生动、直观形象的事物容易引起学生的注意。具体而言，小学生注意的各种品质，如广度、稳定性、分配、转移等都通过学习实践得到长足的发展。在一般的情况下，7~10 岁儿童的持续注意在 20 分钟左右，10~12 岁儿童在 25 分钟左右，12 岁以上儿童在 30 分钟左右。如果学习材料新颖，教学方法得当，高年级小学生保持 40 分钟的注意力是完全可能的。

在小学，充分利用各种直观教学手段唤起学生的无意注意，防止可能分散儿童注意的因素，是教学取得成功的重要条件。同时，有意识地发展学生的有意注意也是必要的，如发展儿童对学习的责任感等。

（3）小学生记忆力的发展。小学生能在识字、阅读、背诵等学习活动中发展出新的记忆品质。这些新的记忆品质既表现在数量上，也表现在质量上。从数量上来说，七八岁儿童的记忆力与学前儿童相差很小，但是在 9~11 岁，小学儿童所能记忆的材料的数量比学前儿童增加一倍以上。小学儿童的记忆力也发生着质的变化：从记忆的目的性来说，有意识记和有意重现逐渐占据主导地位；从记忆方法来说，学生能够逐渐通过对材料进行思维加工和逻辑加工来辅助记忆；从记忆内容来说，词语的抽象记忆在迅速发展；从记忆的加工系统来说，短时记忆容量随着年龄的增长而扩大。

按照儿童记忆发展的特点和学习材料的要求，教师有意识地对小学生进行记忆训练，通常可以从这些方面入手：加强识记的目的性、自觉性和积极性；正确运用练习过程；合理地组织复习，及时检查与总结；引导学生对学习材料进行深度加工，如分类、分段、加标题、用自己的语言陈述、编写摘要和提纲等。

（4）小学生思维力的发展。思维是儿童学习的重要支撑。小学生思维发展的基本特征是：从以具体形象思维为主逐渐过渡到以抽象逻辑思维为主，但抽象逻辑思维在很大程度上仍是与直接经验和感性经验相联系的。

小学教育的一个重要任务就是培养儿童的抽象思维能力，这是一个复杂且长期的过程，教师需要根据儿童的思维水平、发展趋势，积极创造条件，耐心且机智地、循序渐进地对儿童的抽象思维能力进行培养。在这个过程中，教师可以考虑：第一，从具体、感性的实践引向抽象、概括的活动；第二，有意识地帮助儿童提高思维过程中的各种能力，启发儿童自觉组织自己的智力活动，使儿童不但能掌握知识，而且能够掌握思维的方法；第三，将思维策略训练与具体的教学内容结合起来，帮助学生掌握概念、作出判断和推理、独立解决问题的同时，使其形成具有迁移品质的思维策略。

（5）小学生想象力的发展。小学生想象力的发展主要表现为：想象的有意性迅速增强；想象中的创造性成分日益增多；想象更富于现实性。

良好的想象力有助于小学生形成创新能力，丰富自身的情感体验。所以，教师应通过展示实物、图片以及带领学生参观体验、阅读作品等多种方式，帮助学生积累大量的表象，在此基础上，学生运用生动的语言活化表象，这对促进学生想象力的发展具有相当重要的意义。

### 3. 小学生人格发展特征

小学生的人格发展主要包括情感、意志和自我意识等方面的发展。

（1）小学生情感的发展。总的说来，小学生的情感内容不断丰富，情感体验的深刻性不断增强，情感稳定性和控制能力不断提高，情感的辨认和理解能力也得到了很大发展。小学生已经能够正确辨认和理解他人的高兴、惊讶、恐惧、愤怒、厌恶以及轻蔑等面部表情。随着年龄的增长及归因能力的发展，小学生的愤怒情绪开始减少，情绪调节能力也有所提升，他们逐渐学会用语言来表达自己的心情。例如，因为下雨父母取消了野餐计划，学前儿童可能会感到愤怒，小学生则可能在了解实际原因后仅仅感到失望。

（2）小学生意志的发展。小学学习活动对小学生的意志提出了更高的要求，这也促使儿童的意志品质迅速发展起来。小学生意志品质的发展具有如下特点：第一，小学生的独立性发展比较迟，在整个小学阶段，独立性基本处于低水平，他们易受暗示，独断性较差，但在三年级后，小学生的独立性逐渐增强，有了自己的判断；第二，小学生的果断性很不稳定，相当一部分小学生表现出优柔寡断和草率决定的特征；第三，小学生的意志自制性随着年级的增长而逐步发展，三年级以前意志自制性处于迅速发展时期，三至四年级处于平稳时期，四到五年级迅速发展，六年级再度处于平稳时期；第四，小学生的坚持性随年级的升高而迅速发展，一至三年级坚持性发展迅速，三年级以后进入缓慢发展的阶段。

（3）小学生自我意识的发展。自我意识是指主体对自身的意识，主要有三个层次：对自己机体及其状态的认识；对自己肢体活动状态的认识；对自己的思维、情感、意志等心理活动的认识。

小学生的自我意识是不断发展的，但不是直线匀速发展的。一般从一年级至三年级，自我意识处于上升时期，其中一、二年级上升幅度最大，是上升期中的主要发展时期。三年级至五年级，自我意识处于平稳阶段。五年级至六年级，自我意识处于第二个上升时期。此时由于抽象逻辑思维、辩证逻辑思维也初步发展起来，所以儿童的自我意识更加深刻，他们不仅摆脱了对外部控制的依赖，逐渐发展起了内化的行为准则来监督、调节和控制自己的行为，而且开始从对自己的表面行为的认识、评价，转向对自己内部品质的更深入的认识、评价。

（二）小学生学习心理发展的具体特征

小学生在学习兴趣、学习动机、学习感受、学习策略和学习逆反心理等方面表现出一些特征。

1. 小学生的学习兴趣

在学习兴趣上，小学生表现出如下特点：第一，小学生从最初对学习的过程和学习的外部活动感兴趣，逐渐转变到对学习的内容或需要独立思考的作业感兴趣，这个转折点大致出现在三年级；第二，逐渐对不同学科内容产生分化性兴趣，这种分化性兴趣也是从三年级开始的；第三，整个小学时期学生都对具体的事实和经验较有兴趣，对抽象的因果关系的兴趣在初步发展，低年级学生最感兴趣的是具体事实和实际活动，从中年级开始学生逐渐对反映事物间因果关系的较抽象的知识产生初步兴趣；第四，低年级学生对游戏式的学习活动感兴趣，中年级以后，游戏在学习中的作用逐渐下降；第五，阅读兴趣从课内阅读发展到课外阅读，从童话故事、文艺作品发展到科普读物，在阅读过程中，小学生对读物中的人物有强烈的模仿倾向；第六，小学生在社会政治生活方面的兴趣在逐步扩大和加深。

### 2. 小学生的学习动机

在学习动机上，小学生主要有以下表现：学习是为了得到某种外在的物质奖励，如学习成绩好，就可以获得自己喜欢的东西；学习是为了得到对自己具有重要意义的人的认同、肯定与表扬，如得到家长、教师的表扬；学习是为了获得某种社会地位，如学习成绩好就可以在班上或者在某种非正式团体中获得有形或无形的优越地位；学习是为了自我提高和自我发展，如学习是为了掌握更多的知识。整体而言，小学生的学习动机呈现出由外在到内在、由物质到精神、由不稳定到稳定、由富有个人意义到富有社会意义的发展趋势。

### 3. 小学生的学习感受

小学生的学习感受表现出一定的规律。大多数小学生的总体学习感受较好，他们认为学习是一件愉快的事情。但是，随着年级的升高，学生对学习的消极体验有所增加，年级越高的学生越表现出不喜欢学习的倾向。同时，少部分学生有学习倦怠感。

### 4. 小学生的学习策略

小学生的学习策略同样表现出一定的规律。在学习中遇到困难时，小学生向同学请教的比例随年级的升高而显著提高，向教师请教的比例有所减小。还有少部分小学生在遇到学习困难时不愿请教别人，不愿请教的一个重要原因是"不好意思"。对这部分小学生，教师需要帮助其打消各种顾虑，克服害羞心理。当遇到考试分数不理想等情况时，随着年级的升高，小学生向同学、朋友倾诉得更多，和家长、教师交流得更少。在课堂参与方面，随着年级的升高，主动参与的学生比例逐渐降低，少部分小学生会在教师提问时选择回避，如把头低下，避免教师注意到。这些发展规律提示教师在教学中要采取各种措施，激励小学生积极参与课堂教学活动。

### 5. 小学生的学习逆反心理

学习逆反心理是教育实践中被人们普遍关注的一种心理现象，也是小学生学习活动中值得重视的一种特殊心理表现。客观地说，刚入学的小学生很少有学习逆反心理，但是，在小学阶段的学习活动中，这一心理却逐渐发展起来。引发小学生学习逆反心理的主要原因有：取消学生感兴趣的活动、过度要求、自主性被剥夺和对学习有厌倦情绪等。[①]

微课：小学生的学习逆反心理

当前小学教育实践中仍存在体育与健康课、音乐课、综合实践活动等被占用的问题。从普遍意义上说，教师经常取消学生感兴趣的活动，就是在不断诱发和强化学生的学习逆反心理，进而"逼着"学生厌学、弃学和逃学。

教师应根据学生的不同情况调整对学生的要求，不能"一刀切"。在实际教学中，学生对教学内容较熟悉以后，教师对学生学习的一些细节要求可以发生变化，尽量不提过度要求。比如，当学生熟练掌握简便的运算技巧后，如果教师还要求他们写出具体的运算过程，就会引起学生反感，使学生产生学习逆反心理。对待教师的过度要

---

① 林文瑞. 引发小学生学习中逆反心理原因的实验研究［J］. 心理科学，2006（5）：1230-1233.

求，学习好的学生逆反心理会更严重。

人天生向往自主、自由，小学生也是如此。特别是小学高年级学生，开始进入反抗父母和成人权威的"叛逆期"。他们越来越希望包括教师、家长在内的成年人尊重他们的意见和愿望，给他们一定的自由空间。

还需注意的是，教师拖堂会极大地引起学生的厌倦情绪，拖的时间越长，学生的逆反心理越严重。所以，拖堂是一种得不偿失的做法。

## 三、小学生的烦恼

小学生在成长过程中会有自己的烦恼，教师应当走进小学生的内心世界，了解其烦恼并提供相应帮助。

### （一）小学生烦恼的类型

小学生的烦恼主要有体像烦恼、学习烦恼和人际烦恼三种类型。体像烦恼是个体由于对自己身体的美丑、强弱等失望所产生的烦恼，包括体形烦恼、容貌烦恼等。学习烦恼则主要包括学业负担重、学业成绩不好和学习感受不佳等。人际烦恼主要来自同伴，包括同伴不尊重自己、不适应同伴的性格与习惯，以及与同伴产生矛盾等。多项研究结果显示，小学生烦恼具有普遍性和多样性，但学业成绩是他们普遍感到烦恼的事情。

### （二）小学生烦恼的排解

导致小学生烦恼的因素众多，包括遗传、气质、认知、情感和养育环境等。从其来源来看，主要可以分为三个方面：一是自身。学生自身的认知模式、问题解决认知和环境认知是重要的影响因素。遇到问题时往往关注消极结果并经常自我责怪，对解决问题信心不足，对环境中不确定性因素容忍度低的学生，较容易产生烦恼。二是家庭。父母的不当养育方式、父母的不良情绪状态、父母的消极信念等都会增加小学生的烦恼。三是学校。学业竞争、同伴关系不良及教师不当的行为也会引发小学生的烦恼。

小学生通常会采用回避冲突、顺其自然和解决问题这三类方式排解烦恼。回避冲突是小学生最常用的方式，短期内效果显著，比如通过参加别的活动来调节自身情绪，但这并没有真正解决问题。顺其自然是对烦恼不做任何处理或让烦恼随时间的流逝而被遗忘。少数小学生遇到烦恼时能采用解决问题的方式进行排解。

教师要帮助学生建构起一些处理烦恼的策略。这些策略主要有：（1）认知训练。小学生在教师或家长指导下进行更积极的归因。这样的训练可以帮助小学生改变悲观的认知方式。（2）冲突解决训练。小学生在教师或家长指导下掌握一些解决冲突的技巧。教师通过设计游戏性的情境，帮助小学生经历一些冲突情境，并在其中学会一些解决冲突的技巧。（3）体育锻炼指导。按时进行体育运动可以很好地减少消极情绪，有利于减少烦恼并提升幸福感。教师需督促小学生进行常规性锻炼。

**学习活动**

请阅读二维码资源"儿童烦恼的类型和排解方式调查研究设计",个人独立或小组合作完成《一星一问一建议卡片》,并在班内交流互评。

一星一问一建议卡片

| 完成人:_____同学 / 小组 | |
|---|---|
| ☆ 一点收获 | |
| ❓ 一个疑问 | |
| ✎ 一条建议 | |

案例:儿童烦恼的类型和排解方式调查研究设计

## 第三节　小学生的学习习惯

*本节知识点:学习习惯的概念;小学生学习习惯的特征*
*本节技能点:良好学习习惯的培养*

2020 年,习近平总书记寄语广大少年儿童:"当代中国少年儿童既是实现第一个百年奋斗目标的经历者、见证者,更是实现第二个百年奋斗目标、建设社会主义现代化强国的生力军。希望广大少年儿童刻苦学习知识,坚定理想信念,磨练坚强意志,锻炼强健体魄,为实现中华民族伟大复兴的中国梦时刻准备着。"3—12 岁是个体形成良好习惯的关键期,小学阶段是学习习惯养成的重要阶段。抓住这个关键期,培养儿童的良好学习习惯,将会事半功倍,为实现中华民族伟大复兴的中国梦打牢人才基础。

### 一、学习习惯的概念

讨论小学生学习习惯的培养,首先需要明确学习习惯的含义。

## （一）习惯

在汉语中，"习惯"通常是指在长时期里逐渐养成的、一时不容易改变的行为或倾向。当然，这种固定的行为或者倾向有好坏之分。在英语中，与"习惯"相对应的词为 habit，意即一种固定的或者有规律的倾向或常规行为，特别是指那些很难改变的倾向或者常规行为。

可见，"习惯"是人们在社会生活中逐步形成的一贯的、稳定的行为或倾向。其特点是：在人们的行为中经常地、反复地出现；不假思索、自动地体现在行为中；一经养成，轻易不会改变。

## （二）学习习惯

从根本上说，"习惯"本来就有"学习"之意。当我们将"学习"与"习惯"联系在一起，组成"学习习惯"这个词的时候，实际上可以有两种基本的理解方式。

一是从学习理论上，将学习的过程理解为习惯的形成过程，即学习习惯说（habit theory of learning）。学习习惯说是行为主义者华生提出的一种学习理论。华生认为，学习的过程就是习惯形成的过程。人的各种行为不外乎是肢体的习惯、言语的习惯与脏腑的习惯。人格是个体各种习惯系统的产物。他认为复杂的习惯是由一些简单的条件反应构成的。这些条件反应是在学习过程中，通过条件化作用，将散乱的非习得（无条件）反应加以组织而形成的。由于习惯的形成过程是适应刺激与反应之间的联系过程，所以华生的该理论也可称作"刺激－反应说"。

二是将学习习惯理解为学习的习惯（habit of learning），也就是学生在一定社会活动中（通常是学习活动中）所形成的一贯的、稳定的学习行为或倾向。在这个意义上，学习习惯的形成，既有社会的历史因素，也有个人的主观因素，是两者交互作用的结果。本节主要讨论这种意义上的学习习惯。

## 二、小学生学习习惯的特征

小学生的学习习惯可以从一般特征和具体特征两个方面来理解。

### （一）学习习惯的一般特征

学习习惯通常有后天养成、固定化、自动化等特征。

#### 1. 后天养成

学习习惯并不是天生的，而是在后天经验的作用之下逐渐形成的。后天的养成离不开反复练习，但是养成学习习惯的练习与学习本身的练习是不一样的。作为学习本身的练习，是为了达到灵活掌握知识、形成技能所进行的练习，要求变换多种方式，以增强学习内容的可迁移性。养成学习习惯的练习则更多地依靠简单的重复，这种简单重复经常是在固定的情境和固定的时间发生的，而不需要多种形式的变换。

### 2. 固定化

因为学习习惯是在一定情境中不断重复某种行为方式而形成的，所以学习习惯具有固定化的特征。一旦在同样或者相似的情境中，这种固定的学习行为或倾向就会表现出来；当习惯被改变或者被中断，个体就会产生不愉快的情感体验。

### 3. 自动化

从心理机制上说，学习习惯是经过长期的强化和积累，最终建立起来的一种关于学习行为的定型化和自动化的条件反射系统，所以自动化是学习习惯非常重要的特征。学习习惯的自动化，其实就是一种特殊学习行为方式的熟练。但是，它与熟练又不完全相同，这种不同就在于主体是否有参与意识。熟练是通过有意识地反复练习形成的，而学习习惯并不一定都是有意识练习的结果，许多习惯是无意识地多次重复的结果，如上学迟到，作业不工整等。

### （二）小学生学习习惯的具体特征

小学生处于身心发展的特殊阶段，其学习习惯往往呈现出由外部支配到内部控制、由简单到复杂、由不稳定到稳定、好习惯和坏习惯不断斗争等具体特征。

#### 1. 由外部支配到内部控制

小学低年级学生的学习习惯是在教师和家长的要求下或模仿他人的情况下形成的。例如，小学低年级学生上课注意听讲、积极思考问题以及认真完成作业等学习习惯的形成，主要靠外力作用，很少出于内部自觉。到了小学高年级，学生能够把教师和家长的要求转化为自己的内部动力，使学习习惯的形成更趋于自觉，表现为在多数情况下，学生都能自觉地努力学习。

#### 2. 由简单到复杂

儿童在小学低年级时的学习习惯是具体的、简单易行的，例如，上课铃响立即进教室准备好上课的文具用品，安静地坐在自己的位置上等。这些都是低年级学生容易做到的。但到了小学高年级，那些抽象的、比较复杂的学习习惯，如应用系统学习方法的习惯，在学习活动中日益受到重视和培养，得到发展和巩固。

#### 3. 由不稳定到稳定

由于年幼少知、缺乏自制力，低年级小学生良好的学习习惯是不稳定的，例如，学生在语文课上能认真听讲，但在数学课上听讲却不认真。而到了小学高年级，在教师和家长的教育下，良好的学习习惯日益稳定。

#### 4. 好习惯和坏习惯不断斗争

在儿童的学习与发展过程中，不是好习惯纠正坏习惯，就是坏习惯代替好习惯。教师和家长应根据儿童的年龄、个性特征等，培养其良好的学习习惯，抑制和消除其不良的学习习惯。为了帮助小学生克服不良习惯，教师首先要使儿童认识到坏习惯的危害，树立克服坏习惯的信心和决心；其次要锻炼儿童与坏习惯斗争的意志力。意志力在良好学习习惯形成中起着重要作用，儿童缺乏意志力，不能持之以恒，良好的学习习惯就难以形成。例如，有的儿童既想学习又想看电视，为培养自己能坚持学习的好习惯，就要以顽强的意志力抑制自己看电视的念头而坚持学习，经过多次反复，就能形成当别人看电视时自己仍坚持学习的好习惯。习惯具有稳定性，但不是固定不变的，只要运用适当的方法，锲而不舍，不良的学习习惯就会被消除，良好的学习习惯就会逐步形成。

### 三、小学生良好学习习惯的培养

少成若天性，习惯成自然。小学教师要明确应该培养学生哪些良好学习习惯以及如何培养这些习惯。

#### （一）良好学习习惯的主要内容

学生的良好学习习惯涉及学习生活的方方面面，内容繁多。总体上说，可以将其归纳为 12 项。

##### 1. "走在教师前面"的习惯

学习应该是一个主动探索的过程。因此，学生不能总是"跟在教师后面"，教师讲到哪里，自己学到哪里，而应该努力"走在教师的前面"。不论哪门课程，新教材一发下来，学生应尽快从头到尾翻看一遍，力求通过自学把基本内容弄懂、弄通。这样做的好处主要有：第一，可以提高自学能力；第二，可以保持学习主动权，避免在身心不佳的时候学习；第三，课堂上可以做到心中有数，集中精力听难点和重点的讲解；第四，课堂听讲时能产生思想共鸣，促进大脑兴奋，大幅度地提高课堂学习效率，做到当堂内容当堂消化。此外，教师不讲的内容，学生也要主动学习。

##### 2. 适应教师的习惯

学生需要同时面对水平不一、特点各异的学科教师。一方面，学校应该努力促进教师的专业发展，提高教师的专业水平，以适应学生需求；另一方面，学生也要适应教师，只有现在适应教师和同学，长大了才能适应社会，才不会稍不如意就埋怨环境。

##### 3. 小事尽快做的习惯

学生丰富的学习生活是由读一个字、算一道题、做一遍操、值一天日等无数小事构成的。小事尽快做，是非常重要的学习习惯。大的目标不可能立即实现，小学生应从小事做起，千万不要大事做不了、小事不肯做，高不能成、低不肯就。

##### 4. 随时随地学习的习惯

在传统观念中，学习是生活以外的事情，要有专门的时间、专门的场所、专门的用具等，舍此便不能学习。其实，学习本身就是生活的一项内容。学生应做善于学习的人，要注意将学习生活化、本能化，做到随时可学、随处能学。

##### 5. 善于模仿的习惯

学习的重要方式之一就是模仿。当别的同学或成人解决问题的时候，学生自己不能视而不见，待到需要自己解决时又无从做起。因此，善于模仿非常重要。比如，当同学正在认真做题的时候，学生自己要注意仔细观察操作步骤，一遍一遍地默记在心。

### 6. 从错误中学习的习惯

俗话说：吃一堑，长一智。人类很多知识和良好习惯都是从错误中学习来的。当别人犯错误的时候，学生自己要注意他犯的是什么错，为什么会错，怎样才能避免犯这种错误。学生自己犯了错，更要注意总结经验教训，比如，细心地整理错题，寻找错误的原因等。

### 7. 阅读习惯

爱读书，是绝大多数成功者表现出来的好习惯。大量阅读优秀作品，既能开阔眼界，也能涵养智慧，更能润泽灵魂。当下，已有不少小学提出并践行"让阅读成为一种习惯"的理念，正在为学生创造个性化的阅读条件和丰富的阅读机会，以满足学生多样化的阅读需要，进而帮助他们养成阅读习惯。

### 8. 勤于动笔的习惯

好记性不如烂笔头。勤于动笔的习惯，包括乐于做读书笔记、标记和写作等。笔记内容要侧重基本问题、基本定义、基本原理等，力求准确。学生要随时将自己遇到的问题、自己的感想记录下来。同时，笔记要简明扼要、形象生动、一目了然。除了读书笔记以外，在学习过程中，学生要注意养成标记与批注的习惯，这样可以有效提高学习效果。养成写日记和写文章等写作习惯，是挖掘学习潜力的有效途径。

### 9. 即学即用的习惯

即学即用就是及时练习。以学习方法为例，学生在课堂上听教师介绍某种教学方法，或与周围同学讨论某种有效的学习方法后，要尝试用到自己的读书、计算或作文中去。

### 10. 倾听和敢说、敢问的习惯

无论是课内还是课外，倾听和敢说、敢问都是求知的有效途径。注意倾听，要求学生不打断别人说话，在倾听中理解别人所说所讲，进而思考、分析、判断，或消化吸收，或提出建议，或展开想象等。但是，由于低年级学生无意注意占主导地位，又有强烈的表现欲望，希望他人时时关注自己，往往做不到认真倾听。因此，教师和家长要精心培养他们的倾听习惯。在倾听的同时，儿童要敢说、敢问。儿童在成长过程中是通过语言（书面语言或口头语言）来学习的。爱提问题是爱学习、主动学习的一种表现。小学生生活经验少，对周围事物有强烈的好奇心，好奇、好问是他们的天性。他们也正是在解决许许多多的"是什么""为什么""怎么样"等问题中逐渐成长、成熟和成才的。

### 11. 认真审题的习惯

认真审题是小学生必须养成的一种习惯。教师平时应注意培养学生理解题意、明确题目条件和把握题目要求等能力，帮助学生树立认真、严谨的意识并提高做题的质量与速度。

**12. 认真独立完成作业和自觉检查的习惯**

态度认真、及时检查、书写工整、独立、高效等都是完成作业的良好习惯。从学生入校的那天起，教师就会要求学生书写工整、格式规范，培养学生正确的书写姿势。独立完成作业是发挥作业应有作用的切实保证，教师要经常表扬能够克服困难独立完成作业并认真检查作业的学生，要纠正学生抄袭作业的行为。

### （二）良好学习习惯的培养策略

☞ 教师资格考试《教育教学知识与能力》笔试考点：了解小学生良好学习习惯养成的一般方法。

习惯一旦养成，则能终身受益。但是，要使小学生养成良好的学习习惯，并不是轻而易举的事情。这需要家长和教师相互配合，在充分了解小学生的基础上，确定个性化的培养策略。常用的培养策略有以下几种：

**1. 强调良好学习习惯的重要性**

学生的行为受自己认识和观念的支配，教师和家长要做培养学生良好学习习惯的有心人。比如，寻找各种机会，采用学生乐于接受的方式，让学生切身体会和深刻理解养成良好学习习惯的重要性，以及要养成良好学习习惯必须克服困难。学生对养成良好学习习惯形成了清晰的认识，方能在学习活动中将习惯养成落到实处。

**2. 逐步提出要求**

良好的学习习惯不是一朝一夕养成的。教师要善于区分主次、难易程度，从学生的实际出发，逐步提出具体的、切实可行的要求，其关键是激发儿童的学习兴趣。兴趣是最好的老师，有学习的兴趣，才可能有学习的自觉性。学前儿童和小学低年级学生由于缺乏自制力，自觉的学习习惯还没有养成，激发兴趣对他们而言尤为重要。

**3. 进行具体的指导**

为了使学生养成良好的学习习惯，教师和家长必须进行切实而具体的指导，甚至需要手把手地、一点一点地教。例如，教师可以把比较科学的读书步骤编成"看、查、划、读、摘、想、记"七字诀，让学生熟记并照着做，然后及时督促、检查，这样便会使学生逐渐养成良好的读书习惯。

同时，教师和家长可以有效地利用模仿、暗示、感染等心理机制来培养学生的好习惯。模仿分有意模仿和无意模仿，特别是无意模仿对学生影响更大。比如，有的教师说话很文雅，学生说话的声音自然就会很轻柔。暗示也是很重要的一种方法，教师和家长可以多给儿童讲习惯养成方面的故事，儿童听了以后就会形成一种积极的心理暗示。感染主要是指情绪上的感染，如果教师情绪很好，学生就会情绪饱满地对待学习；如果教师愁眉苦脸，无精打采，学生对待学习就会比较消极。因此，良好的学校和家庭氛围对学生学习习惯的培养起着潜移默化的作用。

**4. 制定规范予以适当制约**

教师的表扬与批评、肯定与否定、奖励与惩罚等，是他律的手段。而意志控制、自我反省、下定决心等，是自律的手段。自律固然重要，但自律是在他律的影响下逐渐形成的。因年幼的儿童缺乏自我控制力，所以他律对他们起着十分重要的作用。适当的他律对儿童良好学习习惯的养成具有重要意义。许多习惯的养成只靠

文献：《追求有意义的闲暇生活——美国青少年问题行为预防课程"时间智慧"述论》

儿童自律是不够的，还必须有严格的他律，教师和家长需要制订奖惩的标准并付诸实施。如果破坏规则而又不受惩罚，儿童就可能随心所欲；当触犯规则时受到惩罚，人类趋利避害的本能就促使儿童遵守规则。

### 5. 反复实践

良好学习习惯的养成是一个渐进的过程，必须有一定的时间作保证。这就需要教师在课堂上加强指导，并及时进行检查和督促。经过课内若干时间的练习，学生良好的学习习惯初步形成，再逐渐由课内向课外发展，最终就会巩固下来。

 回忆自己读小学时的1~3个良好学习习惯和1个不良学习习惯，并结合自身经历与同学们分享小学生如何建立良好学习习惯和克服不良学习习惯。

## 学习评估

请根据自己的学习情况进行评估，如已达到要求，在相应方框内打"√"。

□ 我已熟记并理解小学生、儿童观、学习习惯的含义。

□ 我已了解小学生的权利与义务。

□ 我已明确多种儿童观的异同并树立正确的儿童观。

□ 我已了解小学生的入学特征和发展特征。

□ 我意识到关爱小学生的重要性并熟知小学生烦恼的排解策略。

□ 我已了解小学生学习习惯的特征，熟知小学生良好学习习惯的主要内容并掌握了相应的培养策略。

□ 我已感悟到培养小学生良好学习习惯的重要性。

第三章试题

## 扩展阅读

请利用课余时间阅读以下文献，并做好读书笔记。

1. 王锃，张盼，岳晓东. 儿童认知发展与具身教育［M］. 北京：清华大学出版社，2022.

具身教育是一种强调身体感知和经验在认知发展中的重要性的教育理念，它认为身体是认知发展的基础。遵循人类的认知规律和心智发展规律开展教育活动，有助于促进儿童和青少年养成良好的学习态度、学习兴趣、学习习惯和学习方式。该书以具身教育的理论与方法为依据，有效指导教师的教育教学改进。全书共十三章，分别为"具身教育""具身德育""具身数学教育""具身语言教育""具身幼儿教育""具身家庭教育""具身心理健康教育""具身情绪教育""教育评估、决策与具身社会认知：决策的认知神经科学""具身学习：学习的革命2.0""具身教育的理论基础""具身教育的心理机制""具身教育设计：研究与应用"。

2. 楚江亭. 名家儿童观中的教育之道［M］. 上海：华东师范大学出版社，2015.

该书选取二十位国内外哲学家、教育家等关于儿童的论述，介绍不同时代、不同背景下儿童观的差异与变迁，能够帮助教师思考如何以儿童的眼睛去看，以儿童的耳朵去听，以儿童的心灵去感知世界，从而助力儿童健康、自主地成长。全书分为上、下篇：上篇主要介绍国外学者的儿童观，如"阿莫纳什维利：做儿童的大朋友""杜威：儿童是具有无限潜能的社会成员""福禄培尔：让我们与儿童一起生活"等；下篇主要介绍国内学者的儿童观，如"蔡元培：让儿童成为他自己""陈鹤琴：活教育的践行者""丰子恺：回归童真"等。

## 反思·探究·对话

通过文献分析和调查研究，结合自己实习时所任教或将来拟教科目，尝试设计一份小学生学习习惯培养的校本课程方案，主要内容包括：开发背景、课程总目标、课程具体目标、课程内容安排、课程实施与评价建议等。

# 第四章　小学教师

**思维导图**

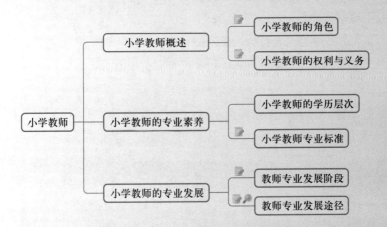

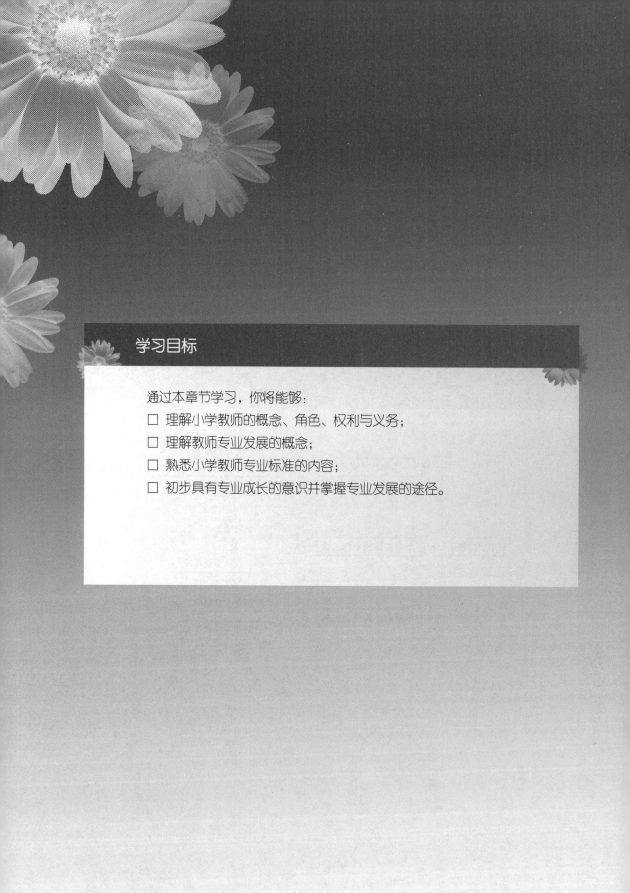

## 学习目标

通过本章节学习，你将能够：

☐ 理解小学教师的概念、角色、权利与义务；

☐ 理解教师专业发展的概念；

☐ 熟悉小学教师专业标准的内容；

☐ 初步具有专业成长的意识并掌握专业发展的途径。

## 一位小学教师的成长

李吉林，1938 年出生于江苏南通。1951 年的初秋，年仅 13 岁的她考进了南通女子师范学校初中部。

她在一篇纪念母校的文章中写道："我在女师先后遇到的语文教师功底都很深厚，博学多才……他们慷慨地称赞我的习作，还鼓励我搞文学创作，不断激励我向上。记得语文老师还在我的一篇《雨夜》作文批语中殷切鼓励我：'只要勤奋刻苦学习，日后必前途无量。'这句批语对青春年少的我震动很大。我仿佛从字里行间悟出了什么，犹如在我人生道路的远方点亮了一盏灯，让我这个没有父亲的穷孩子，也怀着生活的满腔热情敢于向往美好的未来。"①

1956 年，李吉林从南通女子师范学校毕业，进入南通师范第二附属小学任教。日后，她曾回忆道：一进校担任六年级的班主任，孩子们新奇地望着我，纯真的目光流露出对我这位大姐姐似的老师的不信任。我备好课，走进教室，课却上不下去。夜深人静，辛酸的泪水簌簌而下，但我深知眼泪是不可能改变一个人的命运的。为了当一个孩子们喜欢的好老师，我干脆把行李搬进学校，早起晚睡，把课准备得很充分，课间我也勇敢地走进孩子们中间。在做好工作的同时，我开始了进修。我借来了大学中文系的教材，住在学校小楼上苦读，并命令自己每天五点半起床，在学校操场上做操、跑步。为了锻炼自己的意志和体格，我还进行冷水浴锻炼。②

岁月不居，天道酬勤。1962 年，李吉林作为最年轻的代表参加了"江苏省语文教学座谈会"。会后，她教的班被市里定为贯彻会议精神的试点班，市里还派了一个工作组深入课堂开展研究，随班听课。工作组从晨会起就进教室，一直到学生离校，放学后还评点她的课，检查她批改的作业本，要求十分严格。后来三年多的时间里，她不断地对外开课，用领导的话来讲是"火线练兵"，同事们都说"这日子不好过"，但她这个天性劳碌的人却适应了，也愿意接受了。在她看来，年轻人吃点苦算不了什么，而且她体悟到"严即是爱"。年轻时磨炼基本功是百益而无一害的。几年间，她就在《江苏教育》和《新华日报》等报刊上发表了 10 篇文章。③1978 年，李吉林老师正好 40 岁。那一年，她又带着独特的人格力量走进了小学一年级的教室；那一年，她也成了江苏省首批特级教师。在课堂上，看到孩子们一张张稚嫩的圆脸时，她一心想着让孩子学得好，学得快乐。但是，当时灌输式课堂的现实与儿童理想的学习王国相距甚远，渐渐地，呆板、单调、低效的教学使孩子们失望了，孩子们流露出的黯然神伤的表情，让她的心沉重起来，并为之焦虑。怎么让孩子喜欢语文，学好语文呢？为了寻求答案，她开始了探索。④

---

① 李吉林. 母校对我的影响是一辈子的 [N]. 光明日报，2007–12–07（4）.
② 李吉林. 目标与执著 [N]. 光明日报，2000–12–28（B2）.
③ 李吉林. 喜从天降：在评选特级教师的日子里 [J]. 江苏教育研究，2009（3）：55–56.
④ 李吉林. 为儿童学习探索 30 年 [J]. 全球教育展望，2008（6）：17–21.

她先后从语言学、美学、心理学以及我国古代文论"境界说"中，汲取丰富的理论营养，进行实践与研究。数十年如一日的勤勉探索使她最终创建了"情境教育"理论框架和操作体系。"情境教育"在中国小学语文界极具特色，影响广泛，在中国教育界独树一帜，备受认可。同时，"情境教育"已经走向世界。2008 年 11 月 22—24 日，"李吉林情境教育国际论坛"在南通举行，来自国内外的近百名专家学者参加了研讨。她成为我国第一个召开个人教育思想国际研讨会的小学教师。

李吉林从一名师范生逐渐成长为一位享誉全国的著名小学教师的过程令人触动，给人启迪。2023 年 9 月，习近平总书记在给全国优秀教师代表的致信中指出："新征程上，希望你们和全国广大教师以教育家为榜样，大力弘扬教育家精神，牢记为党育人、为国育才的初心使命，树立'躬耕教坛、强国有我'的志向和抱负，自信自强、踔厉奋发，为强国建设、民族复兴伟业作出新的更大贡献。"那么，小学教师究竟应该如何把握自己的基本角色，提升自身的专业素养，才能成就学生、成就教育、成就自己呢？本章将主要探讨这些问题。

## 第一节　小学教师概述

**本节知识点：小学教师的角色；小学教师的权利与义务**

习近平总书记在中共中央政治局第五次集体学习时强调，强教必先强师。教师是履行教育教学职责的专业人员。小学教师特指在小学履行教育教学职责的专业人员。在小学教育活动中，教师无疑占据着重要的地位。小学教师有独特的角色定位以及权利与义务。

### 一、小学教师的角色

当代小学教师集学生的关怀者、知识的传授者、学习的引导者、课程的开发者、教学的组织者、团队的领导者、教育的研究者、终身的学习者、文化的传承和创造者等角色于一身。

#### （一）学生的关怀者

小学生处于人生发展的初始阶段，更需要得到教师全方位的关怀。小学教育的一个基本特性就是关怀小学生的生命。在小学，教师需要适时用目光、笑容等多种体态语言和谈心、赠言等多种方式向儿童传递关怀的信息，需要适时发展学生的亲社会情感，并建立亲密、和谐的师生关系。

美国学者诺丁斯（Noddings，N.）的关怀理论指出，关心是处于关系之中的一种生命状态，该理论围绕"教会学生学会关怀"这一核心目标，倡导通过关怀教育培养有能力关怀人、爱人也值得人爱的学生。教师作为关怀者的出发点是尊重，它建立在相互平等、协商和对话的基础上。以往人们认为小学生年龄太小，什么都不懂，因此，小学教师的关怀带有过多的"成人意志"。这样，关怀往往变成"强求""控制""剥夺"。教师应当允许孩子陈述理由，并鼓励孩子自主选择。教师必须在真正了解学生的基础上给予关怀，而且应该使学生确实感受到关怀，进而从关怀中受益。

### （二）知识的传授者

在一定程度上说，学校就是为了向学生系统地传授人类积累起来的知识经验而产生的。在这个意义上，学校必然以知识的传授和传播为核心和基础，当代小学教师的基本角色也必然是知识的传授者。

只是，当代小学教师需要冲破狭义知识观的束缚，树立起新的知识观。传统的知识观是狭义的知识观认为知识是人类认识的成果或结晶，包括经验知识和理论知识。经验知识是知识的初级形态，系统的科学理论是知识的高级形态。知识通常以概念、判断、推理、假说、预见等思维形式和范畴体系表现自身的存在。[1] 广义的知识观认为，进入小学教育领域的知识，是丰富多彩的，既包括以符号形式呈现的显性知识，也包括只可意会不可言传的隐性知识；既包括"是什么"的陈述性知识，也包括"如何做"的程序性知识，还包括具有监控作用的策略性知识。

### （三）学习的引导者

长期以来，小学教育教学活动中出现了这样一种现象：教师一点一点地教，学生亦步亦趋；教师任劳任怨，承担了许多工作，学生却不领情。这在很大程度上是因为教师把自己定位为正在拉动逆水之舟的"拉纤者"。逆水之舟不仅没有原生的动力，而且还在行进时受到反作用力。从一定意义上说，教师的教育教学变得沉重而痛苦，是因为没有看到、坚信并激发学生自身的能动性。

小学生虽然年龄小，却具有能动性。一旦教师把自己定位为"引路人"，那么在开展教育教学活动的时候，重点就不再仅仅是把自己的想法、把已有的知识灌输给学生，而是更多地考虑如何使学生参与学习，如何调动学生的兴趣和思维，使学生在教师的引导下完成学习并实现发展。

---

[1] 冯契. 哲学大辞典［M］. 上海：上海辞书出版社，1992：1010.

## （四）课程的开发者

2023 年教育部颁布的《关于加强中小学地方课程和校本课程建设与管理的意见》指出："构建以国家课程为主体、地方课程和校本课程为重要拓展和有益补充的基础教育课程体系，增强课程适应性，实现课程全面育人、高质量育人。"校本课程是指学校在实施国家课程与地方课程的前提下，通过对本校学生的需要进行科学评估，充分利用当地社区和学校的课程资源，根据学校的办学思想和原则，自行设置和开发的课程。小学教师有自主开发校本课程的空间，也有权利、有义务参与课程开发，应当增强课程意识和责任意识，不断提高自身课程开发的综合能力。比如，北京清华附小开发的校园足球课程体系，爱乐实验小学开发的"劳动 +"课程体系，玉泉小学开发的农场劳动教育课程等。① 小学阶段的校本课程，要注重反映学生丰富多样的成长需求，采取学生喜闻乐见的形式，避免内容和形式单一。

## （五）教学的组织者

在信息技术快速发展的今天，教师既是教学活动的组织者，也是知识体系的组织者。作为教学活动的组织者，教师要做好学情分析、教材分析，确定好教学目标、教学步骤等；作为知识体系的组织者，教师要选择具有时代特点、满足学生发展兴趣和社会需要的多元教学内容，灵活组织教学。

## （六）团队的领导者

当代小学教育的逐渐民主化使小学教师成为学校中团队的领导者。小学教师作为团队的领导者，主要体现在以下三个方面：

第一，班级的领导者。作为班级主要领导者的小学教师被称为班主任。班主任需要全面了解班级内每一个学生，深入分析学生的思想、心理、学习和生活等情况，采取多种方式与学生沟通，有针对性地对学生进行思想道德教育，促进学生德智体美劳全面发展；认真做好班级的日常管理工作，组织、指导开展班会、文体娱乐、春（秋）游等形式多样的班级活动，并做好安全防护工作；组织做好学生的综合素质评价工作，指导学生认真进行成长记录，实事求是地评定学生操行，向学校提出奖惩建议；经常与任课教师和其他教职员工沟通，主动与学生家长、学生所在社区联系，努力形成教育合力。

值得注意的是，我国还有一种少年儿童的群团组织——中国少年先锋队，简称"少先队"。一般来说，小学设一名大队辅导员，班主任则兼任中队辅导员，辅导员帮助中队或大队委员会进行工作，组织活动。也就是说，班主任是"二任同身"。但是，许多教师在实际工作中，明显存在班主任意识强，中队辅导员意识弱的情况，以致出现"重班轻队"甚至"以班代队"的问题。因此，小学教师需要做到二者并重，优势

---

① 胡定荣，徐昌. 协同、育人、全面、规范与质量：北京市中小学校本课程开发的趋势分析［J］. 中国教育学刊，2022（10）：74-80.

互补，特别是要把握辅导员是"少先队员亲密的朋友和指导者"这一角色定位。

第二，学科组、年级组等学校组织的领导者。小学中存在各种组织机构，以便小学教育有效地展开。其中，常见的组织是学科组和年级组。一般教学经验丰富、教学智慧高超的小学教师担任学校的学科组长或年级组长。系统的集体备课、教研等活动有利于教师快速地成长。

第三，合作项目的领导者。当下的小学正在走上内外合作的发展道路，如与科技馆、大学等的合作。小学与大学的合作通常被称为院校协作。通过院校协作，小学引智增慧，大学深入实践，小学与大学共同研究课题，突破难题，促进教师更新教育教学理念，学习教育策略和技巧。目前，各类合作项目日益增多，小学教师在其中扮演的领导者角色也日渐鲜明。

### （七）教育的研究者

当代小学教育是一个开放的、复杂的系统工程。小学教师面对的是一个快速发展变化的世界，未知的领域不断拓展，面临的问题更多元、复杂。这就要求教师成为教育的研究者，通过发现问题、分析问题和解决问题，在自己的教育教学实践中创造教育智慧。

小学教师成为教育的研究者，也意味着要反思自己的日常教育教学行为，从对各种教育教学行为的"确定无疑"走向"有所质疑"，在明确"怎么做"的基础上，进一步思考"为何这样做"以及"还可以怎样做"，进而增强教育实践能力和自我超越能力。

### （八）终身的学习者

"人们逐渐认识到，教学同其他职业一样，是一种'学习'的职业，从业者在职业生涯中自始至终都要有机会定期更新和补充他们的知识、技巧和能力。"[1] 当代社会的急剧变迁更要求小学教师成为终身的学习者以促进自身的专业发展。

### （九）文化的传承和创造者

教育既是文化的组成部分，也是传承文化和创造文化的手段。现代社会要求教育要充分发挥其创造文化的作用。这一作用的发挥需要依靠教师这一主要影响因素。具体来说，小学教师作为文化的传承和创造者，主要表现在以下两方面：

第一，培养具有创新精神和能力的学生。人既是文化的产物，更是文化的创造者。只有具备一定文化知识、具有创新精神和能力的人才可能创造出新的文化。小学教师对于培养具有创新精神和能力的人具有重要作用。如果创新的萌芽在小学就被扼杀，学生很可能就成长为因循守旧之人；如果创新的倾向在小学就受到关注和培育，

---

[1] 联合国教科文组织. 世界教育报告（1998）教师和变革世界中的教学工作 [M]. 罗进德，等译. 北京：中国对外翻译出版公司，1998：69.

学生则很可能成为勇于创新之人。

第二，传承文化和创造新的教育文化。中华优秀传统文化博大精深，是当代中国文化的根基。教师既是文化的传承者，又是文化的传播者，更是教育文化的创造者。新的教育理念、理论和思想的提出与践行，本身就是一种文化创造。比如，李吉林老师的"情境教育"理念与实践，就已成为我国小学教育文化的重要组成部分。

## 二、小学教师的权利与义务

教师既享有公民的基本权利，需要履行公民的基本义务，又有因"教师"这一独特职业身份而产生的权利与义务。

### （一）小学教师的权利

教师的权利，是指教师从事教育工作时所享有的法定权利，由国家予以保障，具有不可侵犯性。《中华人民共和国教师法》规定教师享有以下六大权利：

进行教育教学活动，开展教育教学改革和实验；

从事科学研究、学术交流，参加专业的学术团体，在学术活动中充分发表意见；

指导学生的学习和发展，评定学生的品行和学业成绩；

按时获取工资报酬，享受国家规定的福利待遇以及寒暑假期的带薪休假；

对学校教育教学、管理工作和教育行政部门的工作提出意见和建议，通过教职工代表大会或者其他形式，参与学校的民主管理；

参加进修或者其他方式的培训。

值得一提的是，在强调尊重学生、维护学生权利的今天，一些地方和学校也出现了教师特别是班主任不敢管学生、不敢批评教育学生、放任学生的现象。2020年12月，教育部颁布《中小学教育惩戒规则（试行）》，其中明确规定：学校、教师应当遵循教育规律，依法履行职责，通过积极管教和教育惩戒的实施，及时纠正学生错误言行，培养学生的规则意识、责任意识。教育行政部门应当支持、指导、监督学校及其教师依法依规实施教育惩戒。这就保证和维护了教师教育学生的合法权利，使教师在教育学生过程中不再畏手畏脚，可以采取适当的方式教育和管理学生，教师也就有更多的空间来开展相应工作。

### （二）小学教师的义务

教师的义务，是指教师从事教育活动时法定承担的义务。《中华人民共和国教师法》规定教师必须履行下列六大义务：

遵守宪法、法律和职业道德，为人师表；

贯彻国家的教育方针，遵守规章制度，执行学校的教学计划，履行教师聘约，完成教育教学工作任务；

对学生进行宪法所确定的基本原则的教育和爱国主义、民族团结的教育，法制教

☞教师资格考试《综合素质》笔试考点：理解教师的权利和义务，熟悉国家有关教育法律法规所规范的教师教育行为，依法从教。

育以及思想品德、文化、科学技术教育，组织、带领学生开展有益的社会活动；

关心、爱护全体学生，尊重学生人格，促进学生在品德、智力、体质等方面全面发展；

制止有害于学生的行为或者其他侵犯学生合法权益的行为，批评和抵制有害于学生健康成长的现象；

不断提高思想政治觉悟和教育教学业务水平。

## 第二节 小学教师的专业素养

本节知识点：小学教师的学历层次；小学教师的专业标准

为了促进教师专业发展，我国不断提升小学教师的学历层次，并出台了小学教师专业标准。在长期的研究与实践中，人们又创新了一系列提升教师专业素养的策略。

### 一、小学教师的学历层次

随着社会、经济和教育的快速发展，人们对小学教师的学历要求越来越高。同时，人们也意识到学历优化只是教师发展的一个方面，还需要全方位地推动小学教师的专业发展。

多年来，我国小学师资培养大致经历了从中师层次、专科层次到本科层次、研究生层次的发展过程，并取得了丰硕的成果。

#### （一）中师层次的小学教师

早在 1902 年，张謇创办通州师范学校，我国出现了培养近代小学师资的师范学校。中华人民共和国成立以后，我国逐步建立起三级师范的教师培养体制，即由中等师范学校培养小学师资，高等师范专科学校培养初中师资，师范大学培养高中师资。

在相当长的历史时期里，由中等师范学校培养小学师资，符合并适应我国社会、经济和教育发展的现实。中等师范学校培养的大批优秀小学师资，在当时是我国小学教育界的中坚力量。

#### （二）专科层次的小学教师

从国际背景来看，小学教师由高等院校培养，是世界师范教育的发展趋势。我国自 20 世纪 80 年代初开始尝试培养专科层次的小学教师，并在北京、上海、江苏和广东等中心城市及沿海经济发达地区启动试验工作。1984 年，江苏南通师范学校招收初中毕业生，学制五年。1985 年 7 月，上海市政府批准建立上海师范高等专科学校，当年开始招收中师毕业生，学制两年。同年，北京第三师范学校、南京晓庄师范学校、无锡师范学校、广州师范学校等，都开设了大专班。

从 1992 年起，国家教委决定在沿海和经济发达地区的 17 个省市的 28 所学校扩大试验，并规定试验由国家教委师范教育司领导，必须在高等学校进行或由中等师范学校与高等学校联合开展，以保证培养出的学生真正达到专科程度。自此，我国小学教师的培养由数量扩张型向质量提高型转变，原有的三级师范培养体制逐步向二级师范培养体制转变。

### （三）本科层次的小学教师

1997 年 9 月，国家教委师范教育司在苏州召开"培养高学历小学师资专业建设研讨会"，会议决定成立由北京、上海、江苏、广东、辽宁、吉林等省市的教育专家和教育行政部门负责人组成的课题组，统筹安排小学教育专业建设的研究工作。同年底，"面向 21 世纪本、专科学历小学教师专业建设研究"作为重点委托课题，被列入中国高等师范教育面向 21 世纪课程体系和教学内容改革课题。这标志着我国小学教师培养试验进入专科与本科共存并逐步以本科培养试验为主的新阶段。[1]

20 世纪 90 年代至今，我国本科小学教师的培养工作稳步开展。1999 年，上海师范大学、南京师范大学、杭州师范学院（现杭州师范大学）、东北师范大学率先被教育部批准开办本科小学教育专业，培养本科层次的小学教师。[2] 当前，全国已有 300余所高等院校开办小学教育本科专业。目前我国许多省、市规定，只有具备本科学历的毕业生才能参加小学教师的应聘考试。可见，我国的小学教师已走向本科化。

### （四）研究生层次的小学教师

1996 年，国务院学位委员会通过决议，设置教育硕士专业学位，并于 1997 年开始招生试点工作。多年来，教育硕士已得到各级教育行政部门、小学领导与教师的普遍关注，招生人数也在增加。在这样的背景下，已有不少在职小学教师通过攻读教育硕士专业学位，成长为研究生层次的小学教师。

2009 年 3 月，教育部《关于做好全日制硕士专业学位研究生培养工作的若干意见》颁布。该意见明确指出，为更好地适应国家经济建设和社会发展对高层次应用型人才的迫切需要，积极发展具有中国特色的专业学位教育，自 2009 年起扩大招收以应届本科毕业生为主的全日制硕士专业学位范围。自此，越来越多的应届本科生毕业后，选择攻读教育硕士（小学教育方向）专业学位。之后，教育硕士（小学教育方

---

① 惠中. 我国小学教师培养的创新与发展［J］. 全球教育展望，2006，35（1）：57—61.
② 惠中. 我国小学教师培养的创新与发展［J］. 全球教育展望，2006，35（1）：57—61.

向）专业学位的招生规模呈扩大趋势。2009 年，国务院学位委员会批准北京师范大学、华东师范大学、华南师范大学等 15 所高校作为首批教育博士专业学位教育试点单位，并于 2010 年开始招生。目前已有一些小学教师获得了博士学位。2018 年 2 月，教育部等五部门印发《教师教育振兴行动计划（2018—2022 年）》，要求开展"教师培养层次提升行动""按照有关程序办法，增加一批教育硕士专业学位授权点。引导鼓励有关高校扩大教育硕士招生规模，对教师教育院校研究生推免指标予以统筹支持"。2023 年 7 月，教育部印发《关于实施国家优秀中小学教师培养计划的意见》，提出"国家支持以'双一流'建设高校为代表的高水平高校选拔专业成绩优秀且乐教适教的学生作为'国优计划'研究生，在强化学科专业课程学习的同时，系统学习不少于 26 学分的教师教育模块课程（含参加教育实践），通过'国优计划'研究生培养吸引优秀人才从教，为中小学输送一批教育情怀深厚、专业素养卓越、教学基本功扎实的优秀教师"。可以预见，成长为研究生层次的小学教师，将是今后小学教师发展的必然趋势。

## 二、小学教师专业标准

20 世纪 80 年代以来，通过确立教师专业标准来凸显教师职业的专业性，推进教师专业化进程，成为世界许多国家提高教师教育质量的共同战略。我国教育部于 2012 年 2 月正式颁布了《小学教师专业标准（试行）》（本部分简称《标准》）。

《标准》是国家对合格小学教师专业素质的基本要求，是小学教师实施教育教学行为的基本规范，是引领小学教师专业发展的基本准则，是小学教师培养、准入、培训、考核等工作的重要依据。

《标准》遵从和倡导师德为先、学生为本、能力为重、终身学习的基本理念，对小学教师的专业理念与师德、专业知识和专业能力进行了细致梳理和规范（参见表 4.1），包括 13 个领域，60 条要求。各级教育行政部门应将其作为小学教师队伍建设的基本依据，开展小学教师教育的院校应将其作为小学教师培养培训的主要依据，小学应将其作为教师管理的重要依据，小学教师应将其作为自身专业发展的基本依据。

> 教师资格考试《综合素质》笔试考点：了解教师专业发展的要求；理解教师职业的责任与价值，具有从事教育工作的热情与决心。

表 4.1 《小学教师专业标准（试行）》基本内容结构

| 维度 | 领域 | 要求（条） | 小计 |
|---|---|---|---|
| 专业理念与师德 | 职业理解与认识 | 5 | 19 |
| | 对小学生的态度与行为 | 4 | |
| | 教育教学的态度与行为 | 5 | |
| | 个人修养与行为 | 5 | |
| 专业知识 | 小学生发展知识 | 6 | 17 |
| | 学科知识 | 3 | |
| | 教育教学知识 | 4 | |
| | 通识性知识 | 4 | |

续表

| 维度 | 领域 | 要求（条） | 小计 |
|---|---|---|---|
| 专业能力 | 教育教学设计 | 3 | 24 |
| | 组织与实施 | 9 | |
| | 激励与评价 | 4 | |
| | 沟通与合作 | 5 | |
| | 反思与发展 | 3 | |
| 总计 | | | 60 |

习近平总书记关于师德师风也有一系列重要论述：

2014年9月，习近平总书记在视察北京师范大学时提出了"四有"好老师的标准，"四有"是指：有理想信念、有道德情操、有扎实学识和有仁爱之心。

2016年教师节前夕，习近平总书记来到了他小学和初中学习过的地方——北京市八一学校，看望慰问师生并同师生座谈。在座谈会上，习近平总书记向广大教师提出了做"四个引路人"的殷切希望："广大教师要做学生锤炼品格的引路人，做学生学习知识的引路人，做学生创新思维的引路人，做学生奉献祖国的引路人。"

2021年4月，习近平总书记来到清华大学，强调教师要成为大先生，做学生为学、为事、为人的示范，促进学生成长为全面发展的人。

2023年，在第39个教师节到来之际，习近平总书记致信全国优秀教师代表。在信中，习近平总书记强调，要"大力弘扬教育家精神"，"为强国建设、民族复兴伟业作出新的更大贡献"，并首次提出、深刻阐释了中国特有的教育家精神的时代内涵，即"心有大我、至诚报国的理想信念，言为士则、行为世范的道德情操，启智润心、因材施教的育人智慧，勤学笃行、求是创新的躬耕态度，乐教爱生、甘于奉献的仁爱之心，胸怀天下、以文化人的弘道追求"。

从"四有"好老师到"四个引路人"，从"做学生为学、为事、为人的大先生"到"中国特有的教育家精神"，这一系列重要指示、批示成为广大教师自我提升、努力耕耘的方向。

**学习活动**

小学师生经常使用一种名为"三明治"的评估方法，即通过评估明确三个方面的内容：做得好的方面、需要改进的方面、改进和提升的建议。

请阅读教育部印发的《小学教师专业标准（试行）》，将标准中各领域的各项基本要求与自身实际情况进行对比，制作出自身专业发展的一份"三明治"。

◇可自行设计有创意的"三明治"表格或图形来展示自己的观点。

◇需要改进的方面，可具体细化为"需稍努力""需多努力""需下苦功"等不同层次的内容，以便更具体地规划自己的生涯发展。

## 第三节 小学教师的专业发展

本节知识点：教师专业发展阶段；教师专业发展途径
本节技能点：教师专业发展途径规划

教师专业发展是指教师为了改进自己的专业实践以强化学生的学习而完成的各种个体的或集体的活动。为了有效促进教师专业发展，人们进行了长期探索，开辟了许多可行路径。

《中小学和幼儿园教师资格考试标准（试行）》：了解教师专业发展的要求，具有终身学习与自主发展的意识。

教师资格考试《教育教学知识与能力》笔试考点：掌握教师专业发展的基础知识。

### 一、教师专业发展阶段

专业发展就是作为社会职业人的教师从接受师范教育的学生，到新手教师，到有经验的教师，再到专家教师的持续发展过程。"专业发展"这一概念，有两层含义：一是教师作为一个"人"的发展；二是教师作为一个"专业人员"的发展。人们通常是在第二层含义上论及教师发展，因此，教师专业发展一般也称教师发展、教师成长或教师专业成长。

从小学教师的专业发展阶段来看，可以分为新手教师、成熟教师、有效教师、专家教师。

（1）新手教师，是指刚进入教学领域的教师。新手教师的行为灵活性不足，他们往往依照教育理论教学。这个时期的主要目标是站稳讲台。

（2）成熟教师，是指至少具有四五年教学经验的教师。此阶段的教师教学有两个特征：一是能够根据教学计划开展教学活动，并明确知道教学的主次；二是对完成教学目标有信心，但教学技能仍达不到流畅、变通的水平。

（3）有效教师，是指能有效提升学生学习结果的教师。其典型特征是，在具备教育教学基本技能的基础上，具有把握学生的个性需要及特点，有效组织学生取得学习成功的特殊技能。

（4）专家教师，是指在成熟教师和有效教师的基础上，具有卓越的反思、研究意识与技能，具有撰写、发表理论论著并能创新具体的教育教学知识的教师。从一定意义上说，专家教师是"有思想的教师"。每一位教师都有宝贵的教育经历和体验，但不是每一位教师都能将这些经验理论化，以理论、学说、观点、主张等形式表述出来。在积累学识、体悟实践、深刻思考的基础上，涵养并抽绎出自己的思想，进而让思想照亮前行之路，应成为每一位小学教师的专业成长目标。

案例分析

## 错题处理

○ 案例 ①

霍懋征老师的徒弟，王玲，开始时的工作就是帮助霍老师改作业，她会把学生作业中的错题汇总，报给霍老师。对这些错题，霍老师总会再精心地设计一些新题，把错误的原因巧妙地藏在这些新题中。第二天上课时，霍老师会说："今天我这道题里有三个陷阱，看谁能都不掉进去。"而三个陷阱其实就是学生在作业中犯错最多的三个点。学生会非常有兴致地做这些题，做着做着就会悟出自己的错来。做题中，就有学生悄悄跟王玲说："王老师，我昨天是不是有道题错了呀？"教师不言，学生自明。

○ 分析

这个例子就是有效教师的鲜明表现。和普通教师不同，霍老师没有直接讲那些错题，或者纠正一下就过去了，她在把握学生典型错误的前提下，让学生在她精心设计的新题之中，自己发现错误、解决错误、避免错误，进而显著提升学生的学习效果。

## 二、教师专业发展途径

小学教师可以从不断学习、持续研究、坚持写作这三个方面入手，踏上专业发展之路。

### （一）不断学习

概括来说，精选阅读与大量观摩、积极参加培训与交流以及深入思考与实践是小学教师学习必不可少的三个方面。

#### 1. 精选阅读与大量观摩

精选阅读，意味着小学教师需要从大量阅读材料中精心选择阅读内容。同时，小学教师需要注意：既要阅读一线教师的经验性著作，也要阅读相关学者的理论性著作；既要阅读经典的书籍，也要阅读前沿的期刊文献；既要熟悉我国本土的成果，也要获悉国外有关的进展。

相对而言，许多小学教师不太愿意去阅读理论性的著作，这可能是因为理论性著作实例不多，不太生动；理论观点较抽象、不易懂且不易直接运用；等等。这一现象值得警惕，因为理论能够带给教师的往往是深刻的洞见和智慧的启迪。

---

① 程路. 平凡的传奇：写在告别霍懋征老师的日子里［J］. 人民教育，2010（6）：51-55.

案例分析

## 理论引路

○ 案例 [1]

当我遇到一个又一个不解的教学现实问题时，教育理论神奇般地闯进了我的视野，我自觉不自觉地开始了将教育理论与课堂实践相结合的行动研究。

我借助辩证唯物主义的方法，再次审读教材，"六条龙教学"应运而生；儿童心理学帮我读懂学生，友好、民主、和谐的师生关系逐步形成，课堂教学焕发出生命活力；智能测量的理论为我科学客观地评价学生提供了重要依据……不知是出于一种需要，还是尝到了学习理论的甜头，我开始拿起教育理论的书籍。我仿佛在茫茫的雾海中，发现了一支闪亮的航标，找到了探索前进的方向。我读了日本山内光哉教授编著的《学习与教育心理学》，了解了当时教育心理学的研究动态，开阔了视野；我读了巴班斯基的《教学过程最优化问答》，清楚了教学过程最优化的实质和基本内容……

先进的教育理论以其神奇之力，给教学改革带来了勃勃生机，它为深入教学改革开拓了一个广阔而美好的远景！

○ 分析

理论的价值难以尽言，实际存在且不可忽视。吴正宪老师将传授知识、启迪智慧、完善人格三者有机结合，创造了孩子们喜欢的小学数学课堂，其成长过程就鲜活地体现了"理论引路"的价值。

在阅读书籍报刊的同时，小学教师还需要大量观摩教育教学现场。如今，小学教师不仅可以抓住和创造各种机会亲临现场观摩，还可以借助科技手段大量观摩多种类型的现场录像。当然，教师不能生硬移植、机械套用别人的教育教学，而应有所取舍、有所创新。

2. 积极参加培训与交流

教师培训是教师专业发展的一条有效途径。教育部、财政部于 2010 年开始全面实施"国培计划"，各地还相继实施了"省培计划"。2020 年，为贯彻落实《中共中央 国务院关于全面深化新时代教师队伍建设改革的意见》，培养高素质专业化创新型教师队伍，规范和指导五年一周期教师全员培训工作，分层、分类、分科组织实施教师培训，提高教师培训的针对性和实效性，教育部颁布了《中小学教师培训课程指导标准（师德修养）》《中小学教师培训课程指导标准（班级管理）》《中小学教师培训课程指导标准（专业发展）》。通过专门培训，教师得以从宏观、中观、微观各层面，从理论与实践的多角度，系统把握教育教学活动，并获得专门的机会与同行深入交流，进而提高各项专业素养。

随着信息技术的发展，教师的培训与交流有了新的依托，借助网络开展研修活动

---

① 吴正宪. 改革开放 30 年让我事业之树常青［J］. 中国教育学刊，2008（10）：8-12.

已成为一种趋势。线上学习交流与线下培训的结合，大大拓宽了教师的学习范围，为教师提供了更多的学习机会与方式。但如何提升网络培训与交流的有效性，还有待研究者进一步研究。

### 3. 深入思考与实践

在广泛阅读与观摩的同时，小学教师需要进行深入思考与实践。朱熹提出"切己体察"的读书方法。《学规类编》要求："从容乎句读文义之间，而体验乎操存践履之实，然后心静理明，渐见意味。不然，则虽广求博取，日诵五车，亦奚益于学哉！"这一传统智慧在今天仍熠熠生辉，指引着人们前进的方向。小学教师在广泛阅读与观摩的基础上，需要结合自己的教育教学实际进行深入思考，突破自己的发展困境，找到自己的发展方向，并予以实践。

### （二）持续研究

苏霍姆林斯基有一句名言："如果你想让教师的劳动能够给教师一些乐趣，使天天上课不致变成一种单调乏味的义务，那你就应当引导每一位教师走上从事一些研究的这条幸福的道路上来。"[①] 近年来，小学教师的研究已经制度化为校本教育研究，其基本形式是行动研究。

### 1. 校本教育研究

校本教育研究强调真实问题、实践研究、全员参与。[②] 其一，校本教育研究致力于解决教师在真实的教育教学过程中遇到的真实问题。比如，数字化环境下教师教学方式的转变、人工智能背景下师生关系重构等，都可以成为校本教育研究的内容。其二，校本教育研究是一种实践性研究，它不同于专业研究人员的理论研究，其主要目的是寻求学校中现实问题的解决。其三，校本教育研究要求教师全员参与，不是个别教师的事情，也不是特级教师或骨干教师的专利。

### 2. 教师行动研究

校本教育研究的形式多种多样，如专题研讨、网上沙龙、个案研究、讲述教育故事、写反思日记等。当前，教师行动研究是一种重要的校本教育研究取向，具体表现为教师将自己在实际教育教学活动中遇到的问题作为研究对象，不断探索和践行有效的解决策略，并采用适当的方法加以观察和反思等，最终解决问题，改进教育教学实践。

行动研究是"行动"与"研究"的有机整合，是创新性行动过程与反思性研究过程交融的活动。教师在行动研究中把自身置于实践的具体过程中进行再思考和再体验，为发展自身的教育教学专业能力提供了机会，有利于在反思的实践中成长。李吉林老师围绕"情境教育"持续30年的行动研究就是一则经典的、值得学习的

---

① 苏霍姆林斯基. 给教师的建议：全一册［M］. 2版（修订版）. 杜殿坤，编译. 北京：教育科学出版社，1984：494.

② 柯言. 校本教研：意义、问题与对策［J］. 课程·教材·教法，2005（6）：50.

案例。①

### （三）坚持写作

虽然一些小学教师害怕写教育教学论文，但是写作是教师专业发展的重要路径却是公认的事实。写作之于教师专业发展不是外在的负担，而是教师成为研究者的一种内在诉求。在这个意义上，写作是研究的题中之义。此处，将坚持写作与开展研究并列起来，正是为了突出写作对小学教师专业发展的重要价值，并期望引起小学教师的重视。小学教师在写作时需要把握促进思考、寻求反馈和分享两个关键。

#### 1. 促进思考的写作

教师的写作是一种自我存在的彰显、一种思维的训练、一种个人知识的管理、一种反思习惯的养成。② 其一，写作意味着自我存在的彰显。写作使"我"生活的"碎片"有机会用生命之"线"连接起来，使"我"有机会成为一个能被"我"意识到的整体的"我"。其二，写作是一种思维的训练。写作的表达媒介主要是文字，组织文字及思考表达结构的过程，就是一个思维与逻辑训练的过程。其三，写作深化了教师的个人知识。每个教师每天都有许多富有教育学意义的切身感受，但体验都是即时的、当下的，通过写作，教师可以将当下的、流动的体验加以整理并积累下来，将日常运用的、能有效解决问题的个人实践知识显性化。其四，写作有利于反思习惯的养成。写作迫使人持一种反思的态度。由于体验是即时的、当下的，体验的瞬间很难是反思性的，但把体验描述出来，是一个文本化的过程，这本身就是一个反思的过程。

小学教师写作的题材十分广泛，例如某一内容的教学设计、教学建议、教材分析、备课札记、教法改革心得、班主任工作反思、个别辅导记录、观课评课感悟等。比如，有教师在磨课过程中有所体会，就写成《铺就通往诗境的路：从〈清平乐·村居〉的三次试教看古诗词教学》③；有教师在班主任工作中有所历练，就写成《班会引发的"公平"风波》④。教育教学实践为小学教师提供了取之不尽的写作资源，提供了丰富的思考机会。如何在实践中坚持写作，以写作促思考，以思考促实践，是值得教师重视和探索的方向。

#### 2. 寻求反馈和分享的写作

在以写作促思考的同时，小学教师还需要不断发挥写作的反馈和分享功能。

一方面，小学教师写作并发表成果，有利于获得他人的反馈。他人的肯定，是激励教师前进的动力；他人的批评，则是教师完善自己的力量；他人的建议，更是教师

---

① 董蓓菲. 一项持续 30 年的行动研究：与语文特级教师李吉林的对话［J］. 全球教育展望，2008（6）：22-24.

② 蔡春，易凌云. 论教师的生活体验写作与教师专业发展［J］. 教育研究，2006（9）：54-59.

③ 张安龙. 铺就通往诗境的路：从《清平乐·村居》的三次试教看古诗词教学［J］. 人民教育，2008（19）：40-43.

④ 刘红云. 班会引发的"公平"风波［J］. 人民教育，2010（12）：29-30.

提升自我的资源。

另一方面，小学教师分享的写作成果有利于他人借鉴学习。优秀的小学教师在其专业成长过程中汲取了前辈、同事的宝贵经验、主张和理论。在这个意义上，小学教师将自己的优秀研究成果发表出来，就是为自己的同事和后继者提供学习的资源。而且，教师将自己个人化的经验和观点撰写出来并发表，使之进入公众的视野，还可以带动公共教育知识的增长。试想，如果每一位小学教师都只吸收他人的观点，而不表达自己的观点，长此以往，小学教育的相关知识便会停滞不前甚至"枯竭断流"。相反，每一位小学教师都在吸收他人观点的基础上，进行个性化的创新与践行，并将其表达出来，那么，小学教育的相关知识将会不断地得到充实，从而"源远流长"。

## 学习评估

请根据自己的学习情况进行评估，如已达到要求，在相应方框内打"√"。

☐ 我已理解小学教师的权利与义务。

☐ 我已明确现代教师的基本角色，初步形成现代教师的权责意识，确立教师终身学习的观念。

☐ 我已熟悉小学教师专业标准的内容。

☐ 我已初步形成专业成长的意识并掌握专业发展的途径。

第四章试题

## 扩展阅读

请利用课余时间阅读以下文献，并做好读书笔记。

1. 苏霍姆林斯基. 给教师的建议：全一册［M］. 2版（修订版）. 杜殿坤，编译. 北京：教育科学出版社，1984.

该书是师范生的必读书目，指引着无数教师的成长。全书共100条建议，每条谈一个问题，既有生动的实际事例，又有精辟的理论分析。文字深入浅出，通顺流畅，具有很强的可读性。其条目有：教师的时间从哪里来？一昼夜只有24小时；给准备教一年级的教师的建议；怎样学习别的教师的经验；关于写教师日记的建议；怎样使小学生愿意学习；等等。

2. 郭华. 教学的模样［M］. 北京：教育科学出版社，2022.

该书收集了郭华所写的40余篇文章，涉及核心素养、深度学习、跨学科学习、教学方式转变、师生关系等内容，描绘了"促进学生发展"的理想教学模样，为教师提供了观察和理解复杂多变的教学实践的基本视角，有助于教师开展真实而美好的教学实践。

3. 任海涛，晋涛. 中小学教育惩戒裁量基准及案例式解读［M］. 上海：华东师范大学出版社，2021.

该书较为全面地介绍了教育部2020年颁布的《中小学教育惩戒规则（试行）》。全书共分为四编：第一编为"教育惩戒概述"，在对教育惩戒进行界定的基础上，介绍了教育惩戒的价值、基本原则、校内申诉机制和政府复核机制；第二编为"教育惩戒裁量基准表"，分别介绍了小学、初中、高中的教育惩戒裁量基准表和教师教育惩戒的禁止行为；第三编为"案例解读"，对 50 个中小学教育惩戒典型案例进行了分析；第四编为"制定学校实施细则的典型范例"，呈现了一所学校制定实施细则的过程和形成的讨论稿。阅读该书有利于教师在实践中准确实施教育惩戒。

## 反思·探究·对话

结合自己的发展方向，认真研读一本有关著名小学教师专业成长的专著，分析小学教师的专业素养和专业发展途径，在此基础上撰写一篇读后感。先在小组内交流并请教师指导，修改完善后可在全班交流。如果有条件，可考虑向相关刊物投稿。

# 第五章 小学教育目标

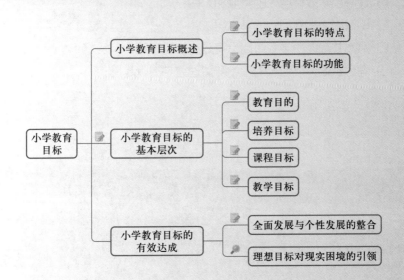

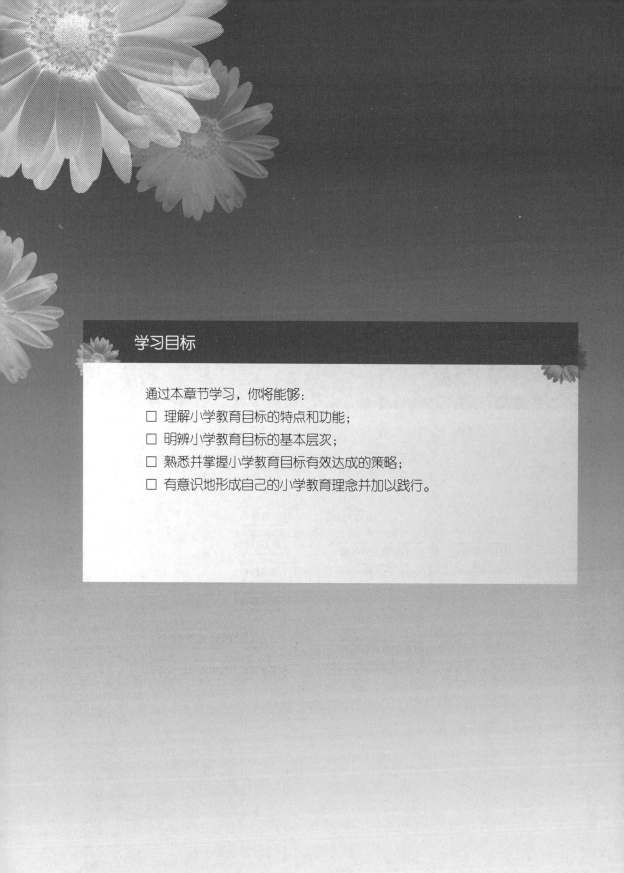

学习目标

通过本章节学习，你将能够：

☐ 理解小学教育目标的特点和功能；

☐ 明辨小学教育目标的基本层次；

☐ 熟悉并掌握小学教育目标有效达成的策略；

☐ 有意识地形成自己的小学教育理念并加以践行。

### 被"冷落"的"教学目标"①

一位经验丰富的教师描述了教师冷落"教学目标"的情形：

前不久，有三位教师分别要参加校、县、市三级课堂教学展示，当他们将教案初稿递交给我时，我看到三份教案上竟然都没有写"教学目标"。问其原因，其中一位教师说："那个好凑合，几句话就能搞定，关键是教学过程要请您把脉。"

无独有偶，近期看了几份集中刊载教学案例的杂志，发现教学实录加反思连排几页，可就是不见"教学目标"的踪影，哪怕是几句简单的套话也没有。

在各级各类的教学常规检查或教学展示资料袋中，我们所看到的教案无一不写教学目标。然而，客观地讲，很多教师撰写的教学目标也仅仅是一个形同虚设的"标签"而已，假、大、空痕迹明显。很多教师似乎并不在意写出的教学目标含金量有多少，课后也极少顾及教学目标的达成情况。本应处在重要地位的教学目标就这样与实际教学活动成了"两张皮"。

针对以上情况，我们需要思考：教学目标真的不重要吗？它的功能究竟是什么？它与教育目标有怎样的关系？小学教育目标又是什么？本章拟就小学教育目标的特点、功能、基本层次和有效达成等问题进行探讨。

## 第一节 小学教育目标概述

本节知识点：小学教育目标的特点；小学教育目标的功能

小学教育目标具有举足轻重的作用，它既是整个小学教育内容选择和组织的基础，也是小学教育环境开发和建设的指引，还是小学教育活动实施和评价的依据。

在教育领域，"目标"一般是指教学或教育活动应达到的最终结果。小学教育目标是指小学教育应达到的最终学习结果。

---

① 许卫兵. 教学目标的现实失落与应有追求：以小学数学学科教学为例 [J]. 课程·教材·教法，2010，30（5）：49-53.

## 一、小学教育目标的特点

党的二十大报告指出，培养什么人、怎样培养人、为谁培养人是教育的根本问题。育人的根本在于立德。全面贯彻党的教育方针，落实立德树人根本任务，培养德智体美劳全面发展的社会主义建设者和接班人。小学教育目标的确立既要遵循党的教育方针，也要体现小学教育性质与功能的特殊性。具体而言，小学教育目标具有全面性和奠基性的特点。

### （一）全面性

与中学教育目标、大学教育目标不同，小学教育目标表现出鲜明的全面性特点。具体而言，中学教育结束后，一部分学生进入高等院校学习，另一部分学生则进入社会。大学教育属于培养高层次专门人才的专业教育，其教育目标强调专业性，教育活动主要分专业进行。而小学教育旨在对每一位小学生"养身育心"，以实现小学生德智体美劳全面发展。

☞教师资格考试《教育教学知识与能力》笔试考点：（1）能够遵循小学生身心发展规律，有针对性地开展"五育"和心理辅导工作，促进小学生全面、协调发展。（2）能够根据小学生学习规律和个体差异，有针对性地指导学生学习。

概括来说，在道德发展方面，提升小学生思想政治素质、道德素养、法治素养和人格修养等，增强小学生做中国人的志气、骨气、底气，为培养以实现中华民族伟大复兴为己任的有理想、有本领、有担当的时代新人打下牢固的思想根基。在智力发展方面，着力培养小学生的认知能力，促进思维发展；激发创新意识，注重保护好奇心、想象力和求知欲；激发学习兴趣，提高学生学习能力。在体质发展方面，引导小学生掌握与运用体能和运动技能，提高运动能力；学会运用健康与安全的知识和技能，形成健康的生活方式；积极参与体育活动，养成良好的体育品德。在审美发展方面，引导小学生形成审美感知能力、艺术表现能力、创意实践能力、文化理解能力。在劳动发展方面，引导学生树立正确劳动价值观，崇尚劳动、尊重劳动，增强对劳动人民的感情，发展创新意识，提升实践能力和社会责任感，成为懂劳动、会劳动、爱劳动的时代新人。

### （二）奠基性

2018年8月，习近平总书记在全国宣传思想工作会议上强调："要抓住青少年价值观形成和确定的关键时期，引导青少年扣好人生第一粒扣子。"小学教育面向全体小学生实施全面发展教育，以便为小学生的学习、生活和进一步发展奠定基础。只有保证小学教育的质量，才能确保中学教育的质量，也才能确保为社会输送的各级各类人才的质量。

小学教育目标仅指向"双基"（即"基础知识"与"基本技能"）是不够的，还需要坚持素养导向，依据学生终身发展和社会发展需要，加强正确价值观引导，重视必备品格和关键能力培养，进而为后续阶段的教育及人才培养奠定基础。

## 二、小学教育目标的功能

小学教育目标具有多种功能，主要有导向功能、激励功能和标准功能。

### （一）导向功能

导向功能是指小学教育目标能够引领小学教育的方向。

小学教育的内容选择、资源开发、活动开展以及评价改进等，都以小学教育目标的达成为导向。在小学教育目标的引导下，小学教育工作者在实践中选择和采取恰当策略，目标一致地采取行动并纠正小学教育过程中出现的偏差。比如，落实立德树人根本任务，发展学生的核心素养的目标，引导着小学教育教学评价从主要考查学生的基础知识和基本技能转向全面考查学生的综合素质，以更好地应对"重智轻德"、单纯追求分数和升学率以及学生的创新精神和实践能力较为薄弱等难题和挑战。

### （二）激励功能

激励功能是指小学教育目标能够强化教师的教学动机和学生的学习动机，激发教师教与学生学的主动性、积极性和创造性。

微课：小学教育目标的功能

比如，为了学生的全面发展，小学校长和教师就必须绞尽脑汁，不断创造，彰显才智。而且，当教师自己的创造能够有效地帮助学生达成目标、获得成长时，教师也可以获得持续的成就感，从而焕发出不竭的教育教学热情。对于学生而言，小学教育目标能激励学生自觉地、积极地参加教育活动。当学生意识到达成目标对其未来发展的重要意义时，会将其作为努力方向，产生内生动力，不断按照目标的要求来提升和发展自己。

### （三）标准功能

标准功能是指小学教育目标是评价小学教育状况的基本依据。

首先，小学教育目标是评价学生学习质量的基本依据。其次，小学教育目标是评价教师教育教学工作的基本依据。在小学教育领域中，教师评价通常从两个维度进行：一是直接对教师备课、上课以及辅导学生的基本行为表现进行评估；二是通过评价学生的学习状况与学业成就等，间接地评价教师的教育教学质量。但无论是哪一种评价，都应该以小学教育目标作为基本的和主要的依据。

## 第二节 小学教育目标的基本层次

本节知识点：小学教育目标层次体系；教育目的；培养目标；课程目标；教学目标

一般而言，小学教育目标由教育目的、培养目标、课程目标、教学目标等层次构成，各层次之间呈现出从抽象到具体、从笼统到细化的特点，详见表5.1。

表5.1 小学教育目标的基本层次

| 层次 | | 特点 | 实例 |
|---|---|---|---|
| 教育目的 | | 比较抽象，是对我国教育的总要求 | 培养德智体美劳全面发展的社会主义建设者和接班人 |
| 培养目标 | | 比较抽象，是义务教育阶段的总要求 | 义务教育要在坚定理想信念、厚植爱国主义情怀、加强品德修养、增长知识见识、培养奋斗精神、增强综合素质上下功夫，使学生有理想、有本领、有担当，培养德智体美劳全面发展的社会主义建设者和接班人 |
| 课程目标 | 总目标 | 比较抽象，不同课程的总目标不同 | 义务教育各门课程的总目标 |
| | 学段目标 | 从抽象逐步过渡到具体，同一门课程的不同学段有不同的目标 | 一般分为第一学段（1~2年级）、第二学段（3~4年级）、第三学段（5~6年级） |
| 教学目标 | 学年教学目标 | 从抽象逐步过渡到具体 | 一年级数学教学目标，一年级语文教学目标等 |
| | 学期教学目标 | 从抽象逐步过渡到具体 | 一年级上学期数学教学目标，一年级上学期语文教学目标等 |
| | 单元教学目标 | 比较具体，适用于某一门课程的某一单元 | "5以内数的认识和加减法"单元教学目标等 |
| | 课时教学目标 | 具体，适用于某一门课程某一课时的教学目标 | "5以内数的认识和加减法"第一课时的教学目标等 |

小学教育目标各层次之间的关系是：从教育目的到教学目标是从抽象到具体的关系，上一层次目标是下一层次目标的依据和方向，对下一层次目标起制约和指导作用，下一层次目标是上一层次目标的具体化；反之，从教学目标到教育目的是从具体到抽象的关系，每一节课、每一单元教学目标的实现，保证着课程学段目标和总目标的实现，每一门课程总目标的实现，保证着各教育阶段培养目标的实现，进而保证着教育目的的实现。因此，把握小学教育目标，教师既要有宏观视野，又要基于不同课程、不同学段、不同课时的实际情况。

## 一、教育目的

教育目的是国家对本国教育培养的人才的质量和规格的总要求。一般而言，教育目的比较宏观、概括、抽象，通常以观念或思想的形式对教育产生作用。

从内容上讲，教育目的主要包括两个方面：一是为谁培养人；二是培养什么人，即明确受教育者在哪些方面得到发展，发展水平如何。我国的教育目的经历了一个复杂而曲折的演变过程，通常以教育方针的形式出现。1957年，毛泽东在《关于正确处理人民内部矛盾的问题》讲话中提出：我们的教育方针，应使受教育者在德育、智育、体育几方面都得到发展，成为有社会主义觉悟的有文化的劳动者。这是中华人民共和国成立后党和国家最高领导人第一次对教育目的作概括性表述。1981年，中共中央《关于建国以来党的若干历史问题的决议》提出，坚持德智体全面发展、又红又专、知识分子与工人农民相结合、脑力劳动与体力劳动相结合的教育方针。1985年，《中共中央关于教育体制改革的决定》指出，教育所培养的人才"都应该有理想、有道德、有文化、有纪律，热爱社会主义祖国和社会主义事业，具有为国家富强和人民富裕而艰苦奋斗的献身精神，都应该不断追求新知，具有实事求是、独立思考、勇于创造的科学精神"。这是国家在新的历史时期对教育目的的一次较为全面的概括。1993年，中共中央、国务院印发《中国教育改革和发展纲要》，要求各级各类学校"培养德智体全面发展的建设者和接班人"，指出"必须坚持教育为社会主义现代化建设服务，与生产劳动相结合"。2022年10月，党的二十大报告明确指出，全面贯彻党的教育方针，落实立德树人根本任务，培养德智体美劳全面发展的社会主义建设者和接班人。

国家的教育方针是对整个教育体系的原则性规定，因此没有特定的小学教育方针或小学教育目的。但是，教育方针作为一种国家教育目的的总规定，作为国家意志在教育上的体现，对小学教育目标具有根本性的约束力，是小学教育目标体系中的最高规定，在小学教育目标层次中处于指导地位。概括来说，我国小学教育的实质是促进小学生的全面发展。

## 二、培养目标

培养目标是不同级别、不同类型、不同层次和不同专业教育的具体目标。当教育目的指向特定的学校或特定的教育阶段时，它就得到了具体化，就变成了培养目标。对我国小学教育来说，培养目标随着时代的发展和社会的演进不断变化。

1992年，国家教育委员会颁布的《九年义务教育全日制小学、初级中学课程计划（试行）》明确了小学阶段的培养目标：（1）初步具有爱祖国、爱人民、爱劳动、爱科学、爱社会主义的思想感情，初步养成关心他人、关心集体、认真负责、诚实、勤俭、勇敢、正直、合群、活泼向上等良好品德和个性品质，养成讲文明、讲礼貌、守纪律的行为习惯，初步具有自我管理以及分辨是非的能力。（2）具有阅读、书写、表达、计算的基本知识和基本技能，了解一些生活、自然和社会常识，初步具有基本的观察、思维、动手操作和自学的能力，养成良好的学习习惯。（3）初步养成锻炼身体和讲究卫生的习惯，具有健康的身体。具有较广泛的兴趣和健康的爱美的情趣。（4）初步学会生活自理，会使用简单的劳动工具，养成爱劳动的习惯。

2001年教育部颁布的《义务教育课程设置实验方案》提出义务教育阶段的培养目标是：全面贯彻党的教育方针，体现时代要求，使学生具有爱国主义、集体主义精神，热爱社会主义，继承和发扬中华民族的优秀传统和革命传统；具有社会主义民主法制意识，遵守国家法律和社会公德；逐步形成正确的世界观、人生观、价值观；具有社会责任感，努力为人民服务；具有初步的创新精神、实践能力、科学和人文素养以及环境意识；具有适应终身学习的基础知识、基本技能和方法；具有健壮的体魄和良好的心理素质，养成健康的审美情趣和生活方式，成为有理想、有道德、有文化、有纪律的一代新人。这一培养目标在本质上与 1992 年的规定是一致的。有所不同的是，在新的时代精神的感召下，终身学习能力、创新精神和环境意识等素养被凸显出来了。

2022 年颁布的《义务教育课程方案（2022 年版）》明确指出："义务教育要在坚定理想信念、厚植爱国主义情怀、加强品德修养、增长知识见识、培养奋斗精神、增强综合素质上下功夫，使学生有理想、有本领、有担当，培养德智体美劳全面发展的社会主义建设者和接班人"。

## 三、课程目标

☞ 教师资格考试《教育教学知识与能力》笔试考点：（1）了解我国基础教育课程改革的现状和发展趋势。（2）了解小学有关学科课程标准的主要内容和特点。（3）掌握小学有关学科课程标准的内容领域所涵盖的核心知识及其关联。

课程目标是每一门课程的具体目标，用来描述和规定一门课程的预期学习结果，主要涉及特定学科或学习领域在各个学段所要达到的基本要求。课程目标是培养目标的具体化，通常由课程专家制定，一般包括总目标和学段目标。

我国 2001 年开始实施的《义务教育课程设置实施方案》，按照学习领域来设置小学教育的课程，并坚持九年一贯的课程设计，使小学课程与初中课程衔接。每一学科都有相应的课程标准，既规定了该课程的总目标，也规定了相应的学段目标。

经过十年探索，教育部于 2011 年发布了修订后的学科课程标准，并要求"以课程标准为依据确定科学的评价标准，尤其要重视基础知识与基本技能、过程与方法、情感态度和价值观等课程目标的全面落实"（教育部《关于印发义务教育语文等学科课程标准（2011 年版）的通知》）。知识与技能、过程与方法、情感态度和价值观通常被称为"三维目标"。"三维目标"是对过去基础教育只重视基础知识与基本技能（即"双基"）的突破。

2022 年，教育部印发新修订的义务教育课程方案和各学科课程标准。各学科课程标准将课程目标细化为各课程应着力培养的学生核心素养。从"双基"到"三维目标"再到"核心素养"，体现了从学科知识到学科本质再到学科育人价值的转变。比如，《义务教育数学课程标准（2022 年版）》指出，小学阶段数学课程着力培养的学生核心素养主要表现为数感、量感、符号意识、运算能力、几何直观、空间观念、推理意识、数据意识、模型意识、应用意识、创新意识，并规定了义务教育阶段的数学课程总目标，具体如下：

通过义务教育阶段的数学学习，学生逐步会用数学的眼光观察现实世界，会用数学的思维思考现实世界，会用数学的语言表达现实世界（简称"三会"）。学生能：

（1）获得适应未来生活和进一步发展所必需的数学基础知识、基本技能、基本思想、基本活动经验。

（2）体会数学知识之间、数学与其他学科之间、数学与生活之间的联系，在探索真实情境所蕴含的关系中，发现问题和提出问题，运用数学和其他学科的知识与方法分析问题和解决问题。

（3）对数学具有好奇心和求知欲，了解数学的价值，欣赏数学美，提高学习数学的兴趣，建立学好数学的信心，养成良好的学习习惯，形成质疑问难、自我反思和勇于探索的科学精神。

## 四、教学目标

教学目标是指教学中师生预期达到的学习结果和标准。教学目标是课程目标的进一步具体化，表现为学年教学目标、学期教学目标、单元教学目标和课时教学目标。学年和学期教学目标，主要由学校的学科组（如语文学科组或数学学科组等）集体审议确定；单元和课时教学目标，主要由任课教师根据课程目标、学年和学期教学目标等，针对具体的教育教学内容，结合学生的学习能力与速度、自己的教学特质与进度等拟定。

教育目的需要具体化为培养目标，培养目标需要具体化为课程目标，课程目标又需要依次具体化为学年教学目标、学期教学目标、单元教学目标和课时教学目标，这样教育目的才能得到落实。课时教学目标的确定和实现，直接影响着单元、学期和学年教学目标，课程目标乃至培养目标和教育目的的实现。然而，许多小学教师不重视教学目标。一些教师撰写教学目标，仅仅是为了凑齐教学方案的基本结构，假、大、空痕迹明显，教学目标在很大程度上形同虚设，很难发挥出小学教育目标的导向、激励和标准功能。因此，小学教师需要不断提升个人的教学目标研制能力。

案例分析

### "年、月、日"教学目标设计

○ 案例 ①

在一次教学观摩活动中，一位教师执教小学三年级数学"年、月、日"时确定了这样的目标：

（1）认识时间单位年、月、日，了解它们之间的关系；

（2）提升学生独立探索及合作交流的能力，使学生在独立探索中发现年、月、日的知识；

（3）对学生进行爱国主义精神和环境保护意识的养成教育。

○ 分析

以上表述的行为主体不全是学生，且有些表述含糊其辞，学科特性较弱。如果教师进一步将其具体化和明晰化，则更有利于教、学、评的展开。这一目标可考虑调整为：

---

① 许卫兵. 教学目标的现实失落与应有追求：以小学数学学科教学为例 [J]. 课程·教材·教法，2010，30（5）：49-53.

☞ 教师资格考试《教育教学知识与能力》笔试考点：能够依据小学生学习规律、小学相关学科课程标准，结合教材特点，合理地确定教学目标、重点和难点。

☞ 教师资格考试《教育教学知识与能力》笔试考点：能够运用相关知识对小学教育教学实践中的问题进行一定的分析。

（1）以了解每个月的天数为内容载体，通过拳头记忆法识记每月天数；

（2）以计算全年的天数为内容载体，通过自主尝试、全班交流的方式，掌握多样化的算法，并知道哪种算法较便捷；

（3）以大月、小月、平月的区分为内容载体，通过观察、比较、分析的方式，体会分类的思想；

（4）以理解2月份的特殊性为载体，通过介绍自然常识、历史资料的方式，了解相关的数学文化。

需要注意的是，本节将小学教育目标分为四大层次，有利于增强目标的可操作性，提高教育教学效果。但是，各层次间和各层次内的目标应交融整合、形成合力。教师要避免陷入孤立地确定每一课时教学目标的误区，要力争实现目标之间的前后呼应和相互交融，使每一课时的教学活动都成为促进学生全面发展的基本步骤。

**学习活动**　在学习本节内容的基础上，结合自己的专业方向或今后拟任教的科目，分组查阅资料，辨析"教育目的""培养目标""课程目标""教学目标"等基本概念，并阅读相关实例，然后全班交流和分享。

## 第三节　小学教育目标的有效达成

本节知识点：全面发展；教育理想与现实困境的关系

本节技能点：小学教育理念的形成

小学教师在落实小学教育目标的过程中会遇到不少阻碍，需要从多方面努力才能冲破这些阻碍。教师需要做好全面发展与个性发展的整合，实现理想目标对现实困境的引领。

### 一、全面发展与个性发展的整合

培养全面发展的人是我国教育目的的核心要义。小学教师需要厘清全面发展的基本内涵，深入理解全面发展与个性发展的关系，进而在小学教育工作中促进小学生全面发展与个性发展的内在整合，推进小学教育目标的有效达成。[1]

---

[1] 以下一些论述参考了：扈中平. "人的全面发展"内涵新析［J］. 教育研究，2005（5）：3-8.

### （一）全面发展的基本内涵

"全面发展"作为一种教育理想、追求和信念，有三个层面的内涵，即完整发展、和谐发展和自由发展。

#### 1. 完整发展

完整发展，即人的各种最基本或最基础的素养必须都得到发展，各个方面的素养可以有发展程度上的差异，但缺一不可，否则就是片面发展。这些必须获得完整发展的基本素养，可以理解为做人与做事两个方面的素养，也可以理解为"身"与"心"两个方面的素养，还可以理解为人们通常所说的德智体美劳各方面的素养，等等。

"完整发展"强调的是人的各方面素养发展可偏移而不可偏废。在小学教育中，小学生可以有所侧重地发展某一方面的素养，但绝不可偏废某一方面素养的发展。也就是说，我们不要求每个学生都精通数学、英语、艺术等，这既不可能，也无必要，但是要求每个学生在德智体美劳等方面，在做人与做事上、在"身"与"心"上都得到发展。一般来说，每个学生都可以而且应当在基本素养得到发展的基础上发展自己的兴趣、特长和个性。

#### 2. 和谐发展

和谐发展，即人的各种基本素养必须获得协调的发展，各方面素养的发展不能失调，否则就是畸形发展。如果学生在某一方面上的发展水平过低，就会呈现出畸形的发展状态，这不仅会影响其他素养的发展，也会影响其整体素养的发展。"和谐发展"强调的是人的各种基本素养之间的适当与协调，是人的发展过程中体现出的一种美。

#### 3. 自由发展

自由发展，即人自主的、具有独特性和富有个性的发展。自由发展的本质就是个性发展，个性发展的核心就是人的素养构成的独特性。自由发展意味着个体的发展不必也无法遵从相同的模式。

由此观之，以促进小学生的全面发展为根本目的的小学教育，即要实现小学生的各种素养的完整发展、和谐发展和自由发展，实现小学生在发展上的自由、自主、和谐、多元化。

### （二）全面发展与个性发展的关系

如果对"全面发展"理解不当，以为"全面发展"就是"平均发展"和"面面俱到"，就容易导致"全面平庸"和"玄想空谈"。真正的"全面发展"所追求的是个性发展和卓越发展。

#### 1. 全面发展是个性发展的基础

没有基本素养的全面、和谐发展为基础，个性及特长的发展就是片面和畸形的。任何一种创造性才能，都是人的知识、能力、道德、审美、意志和身体等各方面要素的有机结合，是一种"合力"。在这个意义上，全面发展是个性发展的基础。

### 2. 个性发展是全面发展的动力

个体要想真正形成自己突出的个性特点并能够可持续发展，就必须使自身的素养有一定的全面性，特别是那些最基本的素养，更是不能缺失。这样，个性发展就成了个体追求全面发展的动力。个体的素养全面发展的过程，也是其素养个性化发展的过程，二者的发展是一个基本一致的过程。因此，全面发展的人，同时也应该是有个性的人。

### （三）对全面发展的常见误解

在不少人看来，人的全面发展既不可能，也无必要，而且还会阻碍人的个性和特长发展，造成人的"全面平庸"，可见，人们对人的全面发展还存在着误解。

#### 1. 误解一：全面发展会压抑个性

第一种常见误解可以概括为：全面发展会压抑个性，导致许多负面效应。有些人总爱举出一些名人的例子来为人的片面发展辩护，比如，少年郭沫若数理成绩位居下游，钱锺书也曾有过数学考零分的时候，爱因斯坦（Einstein，A.）小时候十分愚钝，并以这些例子来证明全面发展必然导致"全面平庸"。应该承认，历史上对"全面发展"曾有过片面的理解，即认为"全面发展"就是"门门功课得满分"，这的确造成了部分学生的"全面平庸"，当前教育有时也存在着压制学生个性与特长发展的问题。但是，以个别的举证来驳斥全面发展目标是不恰当的，是典型的以偏概全。而且，"零分"与成才之间不存在因果关系。同时，我们还应该看到既能数学考满分，又在文学方面具有相当造诣的数学家苏步青，有高超的小提琴演奏能力的科学家爱因斯坦等大师级人物。

#### 2. 误解二：全面发展没有实际价值

第二种常见误解可以概括为：全面发展只是一种口号、一种空想，没有实际价值。持这种看法的小学教师，在学期总结、教育反思等场合提及全面发展时，基本上是小和尚念经——有口无心，很可能是嘴上说得十分响亮，心里全然不当回事。因为他们没有真正深刻地认识和领悟到，全面发展既是社会发展的必然要求，也是人自身发展的必然要求。

## 二、理想目标对现实困境的引领

微课：教育理想与现实困境的关系处理

小学教育目标总是内蕴着小学教育的应然追求，但许多教师却认为这些理想性的目标不切实际，很难实现，故而或将其束之高阁、不闻不问，或嗤之以鼻、心怀抵触。就此，我们需要进行深入探讨，从而帮助小学教师更理性地认识小学教育目标，彰显理想目标对现实困境的引领价值。

在现实生活中，我们时常听到一些小学教师发出这样的感慨：培养学生的实践能力、环保意识、终身学习能力、健康的审美情趣等，都是"虚"的，还是抓好学生的考试成绩最实在。时常有小学教育专业的学生在课堂上说出"肺腑之言"："老师，书上和您讲的这些目标，确实很有道理，但太理想化了，根本不实用，最后还是以分数论英雄的！"

可以说，一些小学教师面临着诸多客观存在的、难以左右的困难，迫于各种压力，也出于对自身生存发展的考虑，往往会采取迎合的态度，在学校和班级中实行应试教育。

### （一）是迎合现实还是超越现实

在多重外在压力下，小学教育是否只能迎合现实？换言之，迎合现实是小学教育不得已而为之的唯一选择吗？还有没有其他更好的选择呢？

在日常教育场景中，特别是在小学教育领域，教师教学任务繁重，往往无法避免时间紧张所带来的压力，以致产生一种紧迫感乃至紧张感。在这种感觉的支配下，教师在教育实践过程中没有多少时间来驻足静观、反躬自省，必须尽可能快地对各种情况进行处理。但是，当我们以一种自觉意识对各种教育观念和行为进行切实的反思时，就会从对各种观念和行为的"确定无疑"走向"有所质疑"。

教师迎合现实，只会导致对现实事态的消极默认，进而裹足不前，陷入困境；而超越现实，朝着理想持续努力，则会开拓出新的可能，不断趋近理想。也就是说，小学教育不应仅仅依赖习惯迎合现实，被动地回应社会的各种需求，成为应试教育的工具，而应以小学教育目标作为"灯塔"，让其照亮小学教育不断超越现实困境的前行道路，在小学教育"能有所为"的空间内"有所作为"。

### （二）如何超越现实

教师要超越现实，仅仅有超越的意愿是不够的，还必须有超越现实的理性认识，积累起足够的知识与能力，进而生成超越现实的教育行动。

#### 1. 形成超越现实的理性认识

古今中外，几乎所有的学校教育中都有考试。考试是一种评价手段，具有监控、检测、提高教育教学效果等功能。其实，有考试就必然有应对考试的办法，包括教授考试内容，针对考试进行复习等。但是，我们却不能由此推论，有考试就有应试，有应试的教育就是应试教育。"应试"和"应试教育"有实质上的区别，不能混为一谈。应试教育，指的是一种考试主义或一种以考试为中心，并对其他教育价值具有强烈排斥性的教育。将整个小学教育异化为"应试教育"，把考试和应试作为教育至高无上的唯一目的，教师为考而教，学生为考而学，是需要坚决批判、抵制的。

为形成超越现实的理性认识，教师至少可以从以下两方面入手：一是看到考试的局限性，转变"一切为考而教，一切为考而学"的观念。小学教育内容是非常广泛和丰富的，对个体的发展都有重要价值，但并非所有的学习内容都能被纳入考试的范围。如果学校的一切工作完全围绕考试转，对不考的内容就轻视甚至无视，就有悖于教育的目标，甚至会导致德育、体育、美育、劳动教育等落空。二是重视考试难以测评的内容。学习结果有不同的类型，比如，有外显的、易于通过考试测评的学习结果，主要表现在知识与技能方面，也有比较隐性的、难以考查的学习结果，主要表现在学习方法、思维方式、学习态度、情感与价值观等方面。小学教育不能为了获得较好的显性学习结果，而以丧失隐性学习结果为代价。对此，小学教育工作者需要认识到考试难以测评的隐性学习结果对学生个人成长的重要意义，并予以足够重视。

2. 积累超越现实的知识与能力

通过对现实作出的一些理性分析，我们可以看到，要超越的现实不是"应试"，而是"应试教育"。"超越现实"不是反对考试，不是不要学生的学业成就，而是在以合理、有效的教育教学方法保证学生学业成就的同时，关注学生其他各方面的发展。具体来说，至少有三点需要重点落实。

第一，保证学生学业成就的教育教学方法必须是合理、有效的。课堂死记硬背、课外拼命补课的方法要坚决摒弃。教师需要更多地考虑如何将学生的学习兴趣调动起来，使学生能够主动学习，提高学生对学习的投入度。教师也需要注意对学生的学习病理进行研究。学习病理，是指学习困难发生及发展的原理，包括学习困难的表现以及背后的原因和机制等。在现实教育教学中，教师之所以走入拼命补课的死胡同，陷入"拼体力换成绩"的僵局，其中一个原因就在于教师对学生学习病理把握不准确或根本没有关注，因而只能不断投入大量的教授时间去换取想要的结果。[①] 教师只有不断提升自己，在专业上有所成长，开展学习病理的研究，促进教学智慧的生成，在行动上才能真正超越现实，有效达成小学教育目标。

第二，教师在保证学生学业成就的基础上，需要落实学生各方面的发展。不少小学和小学教师都在朝着这个方向努力。比如，有的小学以"开放式、个性化"的办学理念为引领，以学校课程改革为核心，以校本课程开发为突破口，调整课程结构，优化课程内容，改善学习方式，为学生健全人格的发展提供优质课程；有的小学开发了以提升思维能力及培养创新精神为核心的儿童哲学课程。同时，不少优秀教师在进行学科教学时，不仅仅是考什么、教什么，还尽量引导小学生走进异彩纷呈的文化世界，使小学生的生命尽可能获得全面的滋养和成长。

第三，教师需要提升"自觉自为"的意识和能力。一般来说，教师所在的群体、身处的环境等，都会对教师形成强大的同化力量。假如一位教师身边的同事都在拼命挤占学生时间补课，都在不断督促学生多做题，那么这位教师很可能会想"我不这样做，能行吗"，或者"我不和他们一样，万一教学效果不好怎么办"，从而产生从众的心理和行为。只有打破随波逐流的习惯意识，才能走上"自觉自为"之路，这是教师树立正确理念的必经之途。

教师为了真正树立起正确的教育理念，还需要将感悟所得、思考所获进行提炼、总结和升华。这需要教师付出长期的努力，需要将学习、思考与研究融为一体，需要

---

① 曾文婕. 试析教学领域的文化错位［J］. 教育发展研究，2010，30（4）：36-40.

对小学教育乃至整个教育的意义、价值、运行方式等不断地解读、选择、创造和表达。比如，王崧舟老师在多年的小学语文教育教学中不断求索、感悟，最终生成"诗意语文"的理念，并积淀为"八重追求"。这样的理念和追求，既指引、点化着教师自己的教育教学活动，也感染、影响着其他教师教育理念的形成和教育实践行为。

 **学习活动**　　就"小学教育的理想目标在现实中会遭遇许多阻力，如果你是一名小学教师，会怎么办？"这一问题畅所欲言。教师适时点拨并精要总结。

## 学习评估

请根据自己的学习情况进行评估，如达到要求，可在相应方框内打"√"。

□ 我已熟记并理解小学教育目标的特点和功能。

□ 我已掌握小学教育目标的基本层次，并理解其中涉及的关键概念，如教育目的、培养目标、课程目标、教学目标。

第五章试题

□ 我熟悉小学教育目标有效达成的策略，并理解其中涉及的关键概念，如全面发展。

□ 我已形成正确的小学教育理念。

## 扩展阅读

请利用课余时间阅读以下文献，并做好读书笔记。

1. 于永正. 给初为人师的女儿20条贴心建议［M］. 北京：教育科学出版社，2014.

该书是于永正谈教育理念的随笔集，包括"把自己教成孩子""教育的两个名字""蹲下来看学生""站在巨人的肩膀上"等内容，能够给小学教师，尤其是青年教师带来诸多启发。

2. 陶行知. 中国教育改造［M］. 北京：人民出版社，2008.

陶行知是我国著名的教育家。该书所研究的教育问题，直到今天仍具有重要价值。书中"第一流的教育家""南京安徽公学办学旨趣""无锡小学之新生命""我们的信条""中国乡村教育之根本改造""生活工具主义之教育""平等与自由""教学做合一""'伪知识'阶级"等内容，能够给教师带来诸多启发。

3. 唐智松，宋乃庆，徐竹君，等. 学生核心素养培养及监测研究：以基础教育为视角［M］. 长春：吉林大学出版社，2022.

该书分3篇、12个专题对发展学生核心素养进行了探讨，形成了一个有理论支撑、有实践设计和有操作指南的核心素养教育理论体系，能够帮助教师全面、系统地理解学生核心素养。

## 反思·探究·对话

请搜集近期期刊和网络上关于小学教育的文章，可以是对小学教育的批评，也可以是对小学教育改革的建议。认真研读这些文章，将其中的批评和建议加以整理并进行思考，提出这些文章对小学教育目标的有效达成有什么帮助，将你的看法与全班同学分享。

思维导图

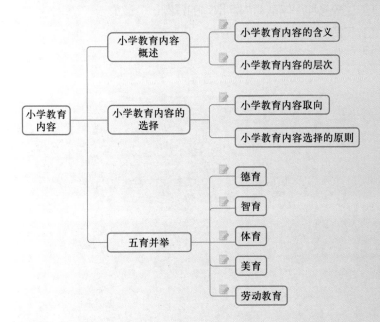

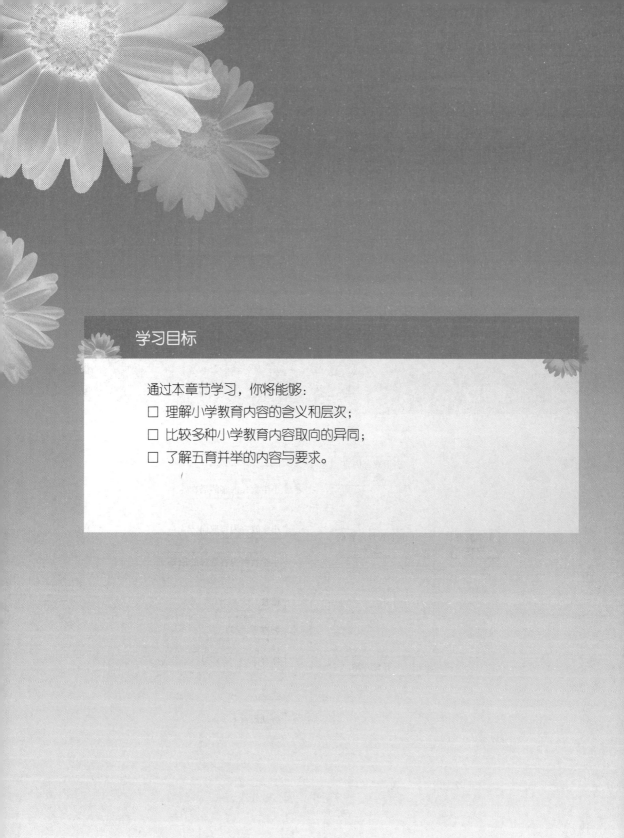

学习目标

通过本章节学习，你将能够：
☐ 理解小学教育内容的含义和层次；
☐ 比较多种小学教育内容取向的异同；
☐ 了解五育并举的内容与要求。

**小学写真**

补齐劳动教育短板，让孩子更接"地气" ①

某小学从"幸福＋"教育理念出发，以校本课程为依托，创新形式开辟出多元"节仪育人"活动，着力培养学生劳动意识和基本劳动技能，实现五育在新时代的有机融合。

学校建构起以日常劳动、生活劳动和服务性劳动为主要内容，融合"种植体验""魔法厨房""生活技能""家务劳动""劳动习惯""公益服务"六大劳动教育的校本课程体系。例如，在"种植体验"课程中，学校依托特有的校园布局，开辟出思政大课堂劳动教育综合实践基地，引导学生在种植的过程中体会劳动的艰辛，树立尊重劳动、珍惜劳动的价值观；学生在"魔法厨房"课程中识味、学习烹饪方法，在探索中获得新知，体会创造的快乐。

学校还将劳动教育课程与各学科进行整合，以主题活动为实施载体，选择适宜的方式在校园节日中渗透劳动教育。以学校每年的"收获节"为例，该节日既是各班级收获农作物的时节，也是学生展示、分享、再创造自己劳动成果的机会。学生依据劳动主题，结合所学知识设计、制作、展览完成的手工作品、书画作品、科技作品等劳动成果。学生在劳动实践的过程中感受美、欣赏美、表达美。

小学教育内容是小学教育目标实现的一个重要载体，也是小学教育活动开展的一个必要条件，对小学生的成长与发展有着重要的影响。随着文化的发展、教育民主化的兴起以及课程改革的不断深入，小学教育内容已成为小学教育领域的一个热点话题。

## 第一节　小学教育内容概述

**本节知识点：小学教育内容的含义；小学教育内容的层次**

长期以来，人们对小学教育内容的概念和层次进行了大量的思考和研究，形成了一些基本的认识。

---

① 于伟利. 打造劳动教育"1＋6"新样态［J］. 人民教育，2022（2）：62-63.

## 一、小学教育内容的含义

教育内容是指为实现教育目标，经选择而纳入教育活动过程的知识、技能、行为规范、价值观、世界观等文化总体。[①] 教育内容广义上包括学校教育、家庭教育和社会教育的所有内容，狭义上特指学校教育内容。

微课：小学教育内容的含义

小学教育内容是指为实现小学教育目标，经选择而纳入小学教育活动过程的知识、技能、行为规范、价值观、世界观等文化总体。小学教育内容的选择标准，一般包括社会发展需要、个人发展需要和文化发展需要等。同时，小学教育内容是随着历史进程逐步发展和丰富起来的。比如，在原始社会，成人在生活过程中给儿童传授渔猎经验和群居生活所要遵守的风俗习惯等，这是最早的小学教育内容。当前，随着时代的发展进步，小学教育内容正在逐步拓展，有关环境、和平、民主等全球性议题的内容不断出现，数字素养、社会劳动等内容也日益凸显。小学教育内容既包括学科课程，又包括学校里举办的多种多样的活动。

## 二、小学教育内容的层次

小学教育内容主要有课程内容、教材内容、教学内容和学习内容四个层次。

### （一）课程内容

☞ 教师资格考试《教育教学知识与能力》笔试考点：了解小学有关学科课程标准的主要内容和特点。

《义务教育课程方案（2022 年版）》中的"课程设置"部分对我国小学阶段课程进行了规定（表 6.1）。小学每门课程的内容范围主要由教育部制定的课程标准规定。比如，《义务教育艺术课程标准（2022 年版）》在"课程内容"部分规定了 5 项内容，分别是音乐、美术、舞蹈、戏剧（含戏曲）和影视（含数字媒体艺术）。

表 6.1　课程设置及开设年级

| 课程类别 | 课程名称 | 开设年级 |
|---|---|---|
| 国家课程 | 道德与法治 | 一至六年级 |
| | 语文 | 一至六年级 |
| | 数学 | 一至六年级 |
| | 外语 | 三至六年级 |
| | 科学 | 一至六年级 |
| | 信息科技 | 三至六年级 |
| | 体育与健康 | 一至六年级 |
| | 艺术 | 一至六年级 |
| | 劳动 | 一至六年级 |

---

① 顾明远. 教育大辞典（增订合编本）：上卷［M］. 上海：上海教育出版社，1998：765.

| 课程类别 | 课程名称 | 开设年级 |
|---|---|---|
| 国家课程 | 综合实践活动 | 一至六年级 |
| 地方课程 | 由省级教育行政部门规划设置 | |
| 校本课程 | 由学校按规定设置 | |

说明：本表按"六三"学制安排，"五四"学制可参考确定。

### （二）教材内容

教材一般按照课程内容所规定的范围，选择和建构分年级、分学期的用于师生课堂教学的详细内容，通常使用单元及课的组织结构，主要是为了解决教师在课堂活动中"使用什么教"以及学生"使用什么学"的问题。所以，教材内容专指依据课程方案和课程标准，基于核心素养精选各个学科或各个领域的文化内容精华，以教材或讲义为载体，所规划的师生用以开展各个学科或各个领域的教学活动的系统内容。简而言之，教材内容就是由教材专家或高水平教师专门编制，并经有关权力部门批准所选用的教材中包含的内容，是用于师生课堂教学的详细内容。在我国，小学"道德与法治"和"语文"为统编教材。

> 🖝 教师资格考试《教育教学知识与能力》笔试考点：掌握小学有关学科课程标准的内容领域所涵盖的核心知识及其关联。

### （三）教学内容

教学内容这一术语通常在教学设计、课堂教学场景中使用，是指某一科目、某一单元、某一节课或某一次具体教学活动中，作为教师教学对象的具体知识、主题、概念和原理等。[①] 随着人工智能时代的来临，教学内容的组织和呈现方式得到延伸与扩展，其个性化和定制化特征也越发明显。

### （四）学习内容

学习内容是指学生在学校的教学活动中实际所学习和学得的内容。教学内容并不总是与学生的需求完美对接的，当教学内容不能被学生理解、接受和内化时，就难以成为学生的学习内容，甚至会在一定程度上制约学生的发展。为了促进教学内容尽可能转化为学习内容，教师需要精心选择和加工教学内容，以满足不同学生的学习需要。

> 🖝 教师资格考试《教育教学知识与能力》笔试考点：能够针对小学生综合学习的要求，适当整合小学有关学科内容，开展学科教学活动。

概括来说，课程内容回答了"应该教什么、学什么"的问题，教材内容回答了"使用什么教、使用什么学"的问题，教学内容回答了"实际教了什么"的问题，而学习内容回答了"学生实际学习了什么"的问题。教师需要对"学生实际学习了什么"这一问题给予特别重视。

---

① 黄甫全. 现代课程与教学论［M］. 3 版. 北京：人民教育出版社，2014：98.

## 第二节 小学教育内容的选择

本节知识点：形式教育与实质教育；人文主义教育与科学主义教育

受教育价值观、功能观和知识观等影响，小学教育内容呈现出不同的取向。

### 一、小学教育内容取向

针对小学教育的内容取向，一直以来存在形式教育与实质教育之争和人文主义教育与科学主义教育之争，下面将详细阐述。

#### （一）形式教育与实质教育之争

教育内容的主要取向是什么？是知识传授还是官能训练？就这一问题，历史上存在着形式教育与实质教育的对立和斗争。

形式教育，也称形式训练（formal discipline，formal training）或心智训练（mental discipline，mental training），该学说明确提出教育的主要任务在于使学生的官能（faculty）或能力（power）得到发展，格外重视教育内容、课程内容和教材内容等的训练价值。形式教育依据官能心理学，经过长期发展和积累，形成了三大主张：第一，教育的任务在于训练心灵的官能，所以教育内容要能最有效地训练学生的各种官能。第二，教育应以形式训练为目的。在教育中灌输知识远没有训练官能重要，古典课程被认为是训练官能最优秀的工具。第三，学习的迁移是心灵官能得到训练而产生的结果。因此，官能的训练及其迁移作用和价值，是教育内容选择的一个重要依据。[①]

实质教育（material education，content education），也称实质训练（substantial discipline，material discipline），该学说与形式教育相对立，认为教育的主要任务在于使学生获得知识，格外重视教育内容、课程内容和教材内容等的知识传递价值。实质教育依据联想心理学，也形成了三大主张：第一，教育的任务在于提示以适当的观念来建设心灵。心灵在出生时一无所有，心灵有赖于观念的联合，教育就是要以观念的联合来充实心灵。第二，教育应以知识传授为目的。建设心灵的材料是各种观念，产生观念的课程和教材就处于首要位置。因而，教育者必须重视的是教育内容的知识价

---

① 瞿葆奎，施良方. "形式教育"与"实质教育"：上［J］. 华东师范大学学报（教育科学版），1988（1）：9-24.

值，要使学生获得丰富的知识。第三，必须重视课程和教材的组织和程序。课程和教材的组织和程序直接影响心灵的组织和程序。[1]

### （二）人文主义教育与科学主义教育之争

教育内容究竟应当以人文学科知识为主还是以自然科学知识为主？这一问题长期以来存在着争论。

人文主义教育主张，教育内容应该以人文知识为主，人文学科在课程中应该占支配地位。人文知识是人类采取各种手段对人文世界的认识及其结果，主要具有价值负载和解释依赖的特性。[2]人文知识承载着事实之外的价值，陈述的是经过价值解释、理解和选择的事实，是被意义化和价值化了的事实。人文知识演进以人为解释为机制，人文领域的前沿问题和创新知识，总是与对古老的历史文本的重新阐释与解读相伴而生。人文知识的学习使人们在获得价值的过程中，分享精神生命的意义；使人们在参与知识解释的过程中，创新精神生命的价值。

人文主义后来发展成为新人文主义，它不再极端地排斥科学知识，而是主张有选择地吸收科学知识，并挖掘自然科学中的人文主义教育意义。20世纪50年代兴起的人本主义，尽管与人文主义有历史渊源，但是已经更新为以人为本的现代价值观。人本主义教育主张，教育要培养"完人"和"自我实现的人"，教育内容要实现认知与意动的统一、理智与情感的结合。

科学主义教育主张，教育内容应该以科学知识为主，自然科学在课程中应该占支配地位，教育的目的是把学生培养成具有科学素养的现代人才。与人文知识相区别，科学知识坚持价值的中立性、理论的普遍性、结果的可检验性、逻辑的严密性和构造的简单性。科学主义教育是现代自然科学技术的发展及其在生产与生活中广泛应用的产物。它发展到当代，已经超越极端化，注意吸收人文主义和人本主义教育的观点与主张，不断挖掘自然科学的人文精神。

## 二、小学教育内容选择的原则

当前小学教育内容的选择应做到全面性与基础性兼顾、确定性与灵活性共生。

### （一）全面性与基础性兼顾

小学教育内容的全面性体现为形式教育与实质教育的融通，以及人文主义教育与科学主义教育的整合。

其一，形式教育与实质教育的融通。形式教育与实质教育都是一定历史时期的产物。它们的产生、盛衰都受客观社会条件的限制，其内在的理论精华已经积淀到教育

---

① 瞿葆奎，施良方. "形式教育"与"实质教育"：下［J］. 华东师范大学学报（教育科学版），1988（2）：27-41.
② 张祥云. 人文知识的特性及其教育意蕴［J］. 教育研究，2004（6）：8-12.

理论之中，汇聚为人们理解教育内容的思想基础。目前，人们普遍认为，知识取向与能力取向应当整合融通，学生是在掌握知识的过程中发展能力的，而学生能力的发展又有助于其进一步掌握知识，这是一个相辅相成的过程。

其二，人文主义教育与科学主义教育的整合。人文知识和科学知识都是人类生存和发展不可缺少的，对小学生的学习和成长是不可替代的。学习人文知识，弘扬的是人文精神；学习科学知识，孕育的是科学精神。

在把握小学教育内容全面性的基础上，教师需要注意，"全面"并不意味着"全部"。也就是说，全面取向的小学教育内容，并不是指所有的文化精华都要成为小学教育内容，都要提供给小学生。小学是打基础的阶段，教师应选择最基础层面的文化精华，将其组织成适合小学生学习的内容。

### （二）确定性与灵活性共生

国家制定的义务教育课程标准决定了小学教育内容的确定性。比如，《义务教育科学课程标准（2022年版）》在"课程内容"部分规定了13个核心概念，包括：（1）物质的结构与性质；（2）物质的变化与化学反应；（3）物质的运动与相互作用；（4）能的转化与能量守恒；（5）生命系统的构成层次；（6）生物体的稳态与调节；（7）生物与环境的相互关系；（8）生命的延续与进化；（9）宇宙中的地球；（10）地球系统；（11）人类活动与环境；（12）技术、工程与社会；（13）工程设计与物化。

但是，"确定"并不排斥"灵活"。不同地区、不同小学的发展状况有所不同，小学生的学习需要是不同的，既有普遍、一般的需要，也有具体、特殊的需要。因此，在统一、确定的教育内容之外，针对不同地区、不同小学乃至不同班级学生的具体学习需要，灵活开发出相应的教育内容，以增强和保证教育内容的针对性与适切性，是十分必要的。

要落实小学教育内容确定性与灵活性共生，小学教师最为关键。只有小学教师真正具备了课程创生意识、知识与能力，成为教育内容的有效决策者，才能实现基于确定性小学教育内容的灵活创生。

霍懋征老师在20世纪70年代末就开始进行教学试验。她在小学三年级上学期的语文教学中，除完成教材中原有的26篇课文的教学外，还和学生一起学习了26篇补充的寓言、童话、散文、说明文、应用文和议论文等以及43首古诗和现代诗，一共学习了95篇课文。学生的阅读量增加了，这有助于学生丰富知识，开阔视野和思路，提高读写能力。这些补充的内容，并不是随意确定的，而是根据学生实际需要精心选择的，同时，精讲和略讲相结合，有的内容精讲，有的内容略讲，有的让学生自学。需要特别说明的是，这些教材原有内容和补充内容的学习，都在既定的语文课时内完成，不占用课外时间，教师不多留作业，学生每天的语文作业在半小时内就可以做完，课外时间留给学生自己支配。当然，这建立在霍老师高超的教学智慧与技巧的基础上，她能够带着学生"多快好省"地学习，这样学生可以多学一点，学快一点，学好一点，但又不加重学生的负担。

## 第三节　五育并举

*本节知识点：德育、智育、体育、美育、劳动教育*

教育内容是根据一定价值观和教育目的筛选而来的。聚焦中国学生发展核心素养，培养学生适应未来发展的正确价值观、必备品格和关键能力，引导学生明确人生发展方向，成长为德智体美劳全面发展的社会主义建设者和接班人，是小学教育的价值追求。德育、智育、体育、美育、劳动教育各有特定价值，彼此分工，但又相互渗透，不可分割，本节将重点阐述五育的要求。

### 一、德育

赫尔巴特曾说过："教育的唯一工作与全部工作可以总结在这一概念之中——道德。道德普遍地被认为是人类的最高目的，因此也是教育的最高目的。"[①] 教育的本义即使人向善，培养学生的德行，其重要性是毋庸置疑的。

德育有狭义和广义之分。狭义的德育专指道德理想和行为规范教育。广义的德育包括对社会主流意识形态、文化传统、价值观以及道德理想和行为规范的教育活动。小学德育浸润于各个学科和丰富多彩的学习活动中。其中，"道德与法治"课程是德育的主要课程载体。道德与法治课程要培养的学生核心素养，主要包括政治认同、道德修养、法治观念、健全人格、责任意识。小学德育应当落实立德树人根本任务，整合他律与自律。

#### （一）坚定方向正确

党的二十大报告指出，育人的根本在于立德。全面贯彻党的教育方针，落实立德树人根本任务，培养德智体美劳全面发展的社会主义建设者和接班人。小学德育应做到方向正确、内容完善、学段衔接、载体丰富、常态化开展，努力为形成全员育人、全程育人和全方位育人的德育工作格局提供支持。

#### （二）培养良好道德品质

朱熹曾指出，儿童"人之幼也，知思未有所主"（《近思录》），很容易受各种思

教师资格考试《教育教学知识与能力》笔试考点：了解小学生思想品德发展的基本规律和特点；掌握小学生五育和心理辅导的基本策略和方法；能够遵循小学生身心发展规律，有针对性地开展五育和心理辅导工作，促进小学生全面、协调发展。

---

[①] 赫尔巴特. 论世界的美的启示为教育的主要工作［M］// 张焕庭. 西方资产阶级教育论著选. 北京：人民教育出版社，1979：259-260.

想的影响，一旦接受了某些错误观点，再令其改正，则困难重重，因而，教育必须先入为主，及早实施。小学阶段应注重基本道德品质的培养。教育部印发的《中小学德育工作指南》要求小学低年级的德育活动要"教育和引导学生热爱中国共产党、热爱祖国、热爱人民，爱亲敬长、爱集体、爱家乡，初步了解生活中的自然、社会常识和有关祖国的知识，保护环境，爱惜资源，养成基本的文明行为习惯，形成自信向上、诚实勇敢、有责任心等良好品质"。中、高年级的德育活动要"教育和引导学生热爱中国共产党、热爱祖国、热爱人民，了解家乡发展变化和国家历史常识，了解中华优秀传统文化和党的光荣革命传统，理解日常生活的道德规范和文明礼貌，初步形成规则意识和民主法治观念，养成良好生活和行为习惯，具备保护生态环境的意识，形成诚实守信、友爱宽容、自尊自律、乐观向上等良好品质"。

**学习活动**　阅读《中小学德育工作指南》，结合所学内容及当下实际，谈谈如何在小学落实立德树人根本任务。

### （三）整合他律与自律

儿童的道德发展逐渐由以他律为主转向以自律为主。对自控能力差的小学生而言，道德的培养必然要以他律作为保障，他律能够强化儿童在实践中对道德规范接受和践行的程度，是社会道德向个体品德转化的前提和必要条件。

在强调他律的同时，不能轻视自律的作用。教师要引导小学生认同并践行社会道德规范，把被动的服从变成主动的律己。同时，教师要注意培养小学生的自律精神、自律技能与自律习惯，使其将外在道德要求切实内化为自身的道德品质。

道德品质的形成，最终要在行为中表现出来，良好行为带来的积极影响也会给道德主体积极强化，进而促进道德品质的形成。日常行为看似小事一桩，却会在不经意间流露出个体道德修养的高低。因而，培养小学生的基本行为规范也是极为重要的。《中小学生守则（2015年修订）》和《小学生日常行为规范》是小学生必须遵守的行为准则，是对小学生行为的基本要求。

### 二、智育

在小学教育中，智育有突出的地位，几乎所有的学科课程都涉及智育。中国先秦之际，虽"知"字与"智"字不分，但其含义因语境而异。在《论语》中，概用"知"字，一是表示知晓、知道、知识意义的"知"，如"告诸往而知来者""温故而知新""吾有知乎哉？无知也！""未知生，焉知死？"二是表示智力、智慧意义的"知"（与"智"通，与"愚"对举，与"仁""勇"并举），如"知者乐水""知者不惑""唯上知与下愚不移"。<sup>①</sup>长期的实践和研究表明，小学智育需要注重基础知识与基本技能的学习，注重经验的转化，注重知识与经验的意义建构，注重儿童智力的训练与开发。

### （一）注重基础知识与基本技能的学习

现代认知心理学将知识分为陈述性知识、程序性知识和策略性知识三类。陈述性知识是关于事物及其关系的知识，是关于"是什么"的知识，包括概念、原理、原则、图式和理论等，如"北京是中国的首都""三角形有三条边"等。这是一种相对静态的知识。程序性知识是关于完成某项任务的行为或操作步骤的知识，是关于"怎么做"的知识，包括一系列具体操作程序，如完成一套广播体操、计算平行四边形面积的方法与步骤等。我们所说的技能、技巧，就是经过反复练习达到自动化程度的程序性知识。程序性知识是体现在动态的操作过程中的知识。策略性知识是进行与调控个体自身认知活动的知识，包括认知策略（复述、精加工、组织的策略）与元认知策略（计划、监视、调节认知活动的策略）。策略性知识是关于"怎么进行认知"的知识。实质上，程序性知识和策略性知识都是关于"怎么做"的知识，二者的不同之处在于：程序性知识是关于怎么去操作外部事件的知识，它指向外部事件；而策略性知识是关于怎么去进行自身认知活动的知识，它指向个体内部的认知活动。

这样，现代认知心理学揭示了一幅鲜活而广阔的知识图景，破除了知识是静态的、不变的等陈旧观念。小学智育活动需要充分吸收现代认知心理学关于知识分类的学说，从而更好地帮助小学生掌握社会历史文化中的基础知识并形成相应的基本技能。

### （二）注重经验的转化

任何处于发展中的儿童都生活在两个世界之中：成人生活世界和儿童生活世界。成人生活世界提供了社会生活的基本价值和规范，为儿童发展提供了可能的参照体系。然而，长期以来，人们过于关注成人生活世界中的经验，过于关注从文化中选取供儿童学习的内容，忽视了儿童的学习经验，忽视了成人经验向儿童经验的转化。这导致教学偏重知识的传授，教师角色被狭隘化为纯粹的知识传授者，学生被压制为知识的接受者。因此，教育者需要重视儿童的学习经验，解决好成人经验向儿童经验转化的问题。

成人经验向儿童经验的转化，不仅需要课程专家们在基本原理层面探讨，在课程方案与教学材料研制层面加以解决，更需要教师们基于教学经验及课程内容，进行具体的设计与开发，从而建构出适合这种经验转化的活动环境、课堂环境与媒体环境等。可以说，成人经验向儿童经验的转化需要多方的努力。

---

① 陈桂生. 学校教育原理［M］. 长沙：湖南教育出版社，2000：193.

### （三）注重知识与经验的意义建构

小学生虽然需要掌握一定的基础知识，但这些知识不是由教师灌输给学生的，而是通过教师的引导由学生主动建构的。学生不是空着脑袋走进教室的，在日常生活和以往的学习生活中，他们已拥有了较为丰富的知识与经验。在智育活动中，学生不是被动地对知识进行感知、加工和储存，而是借助于贮存在长时记忆中的知识、经验和信息加工策略，对知识、经验进行主动地选择与加工，并在教师的协助下，形成一种独特的、个性化的信息加工过程，从而建构起关于知识与经验的意义。

因此，学习的心理过程包含两个方面的建构：一方面是对新知识的建构，另一方面是对已有知识与经验的意义建构，关涉已有知识与经验的改组与改造。学习的结果包括结构性知识与非结构性知识。

结构性知识属于高度结构化的领域，一系列事实、概念、命题等所包含的原理是单一的，在各种情境中是一致的，个体之间的运用是基本相同的。它是非情境化或去情境化学习的结果。非结构性知识中的各种事实、概念、命题等的相互作用是灵活多变的，在各种情境中是截然不同的，个体之间的运用是互不相同的。非结构性知识是非结构化或情境化学习的结果。

可以说，知识学习是结构与非结构、情境与非情境、个性化与去个性化学习过程的结合。过去的一些智育活动，没有充分认识到结构性知识与非结构性知识的区别，主要以建构高度结构化的、去情境性的、去个性化的、精确而清晰的封闭知识结构为最高目标，忽视了建构非结构性的、情境性的、个性化的、高度灵活而极富创造性的开放性知识结构。如何处理结构性知识的意义建构与非结构性知识的意义建构之间的关系，值得教育者深思和探究。

### （四）注重智力的训练与开发

不同的心理学家对智力有不同的看法。吉尔福特（Guilford, J. P.）认为，由于任何一项智力活动都不过是对一定内容（对象）进行操作而产生新产品（结果）的过程，所以，对智力的分析应该从智力活动的内容、操作和产品三个维度进行。智力的三维结构理论表明，智力的训练与开发不能仅仅强调头脑中的智力操作过程，而且要关注智力活动的对象与产品。加德纳（Gardner, H.）认为，智力是多元的，有逻辑－数理智力、言传－语言智力、视觉－空间智力、音乐－节奏智力、身体－动觉智力、交往－交流智力、自知－自省智力、自然观察智力八种。多元智力理论表明，智力不简单等于语言、数学能力，教育应该重视学生各方面智力的发展，关注在运用智力时所要解决的问题或表现出来的创造力。我国学者一般认为，智力是使人能顺利从事某种活动所必需的一般性认知能力，由注意力、观察力、记忆力、思维力和想象力等基本要素组成。但智力绝不是五种基本要素的简单相加，而是它们的有机结合，其中以思维力为核心。

在小学智育活动中，教师首先要明白智力不是完全由先天遗传因素决定的，智力具有较强的后天可塑性。先天的智力潜能只有在后天良好的教育环境影响下，才能得到充分的发展。因此，教育活动在个体智力的发展中起着相当大的作用。

其次，教师应注意通过教学，让学生在学习知识的过程中，实现智力的发展。在教学中教师要注意调动学生的积极思维，引导学生学会分析、综合、比较、抽象、概括等思维方法，以促进其智力的充分发展。

最后，教师要根据小学生的思维发展特点进行智力训练与开发。在小学阶段，低年级儿童的思维基本上属于具体形象思维，而随着年龄的增长，儿童的思维从以具体形象为主逐步过渡到以抽象逻辑为主。可以说，整个小学，儿童的思维都处于这种过渡状态。但是，这种过渡带有"质变"的性质，也就是存在着一个关键的转折期，这个转折期一般认为是三至五年级。基于这样的认识，一方面，教师应该注意儿童思维具体形象的特点，为儿童学习一些抽象的概念、原理提供必要的具体形象的辅助手段；另一方面，教师要不断地为儿童创造"最近发展区"，为儿童抽象逻辑思维的发展提供机会，引导儿童由具体形象思维向抽象逻辑思维过渡。

## 三、体育

体育是实现儿童青少年全面发展的重要途径，对于促进学生积极参与体育运动、养成健康生活方式、健全人格品质具有重要价值。历史上，许多教育家都很重视儿童身体的发展，如洛克曾提出"健康之精神寓于健康之身体"这个著名的观点。

体育活动可以有效地提升儿童的生理机能、大脑功能与人格品质。利用阳光、空气等自然条件开展的各项体育活动，是简便、经济而又有效地增强儿童体质的好办法。例如，儿童在户外体育活动中接受阳光的照射，阳光中的紫外线不仅可以起消毒杀菌的作用，还可以促使皮肤中的胆固醇类物质转变为维生素 D。维生素 D 又可以促进机体对钙和磷的吸收，有利于儿童骨骼系统的正常发育。而且，人们从人的高级神经活动的规律中认识到，体育活动还能调节和增强大脑的功能，对提高智力品质（反应的灵活性等）、锻炼意志和塑造性格等有积极作用。小学生正处于身体发育的关键期，切实而有效地组织开展体育活动，为他们的终身发展打下坚实的生理基础，是每一位小学教育工作者义不容辞的责任。

结合小学生的身心发展特点，小学体育总体上需要注重体育游戏，注重强身健体，注重体育锻炼习惯的培养。

### （一）注重体育游戏

小学生的注意力和兴趣等方面的特点决定了体育活动需要注重与游戏相结合。小学生的自我控制能力较差，注意力不易集中，单调的练习容易使小学生感到厌倦。同时，小学生兴趣广泛，好奇心强，常常以直接兴趣为学习动力。这就要求体育活动应从小学生的特点出发，注重与游戏相结合，寓教于乐。这样既能激发与维持小学生参加体育活动的兴趣，又能让小学生享受参加体育活动的乐趣，还能较好地达到强身健体的目的。

教师需要将游戏穿插到整个体育活动之中。教师可以先集中一段时间讲授理论知识和练习规范，然后将学生分成若干个小组，使其以游戏形式进行练习。游戏的形式要多样，并随着学生身体的发育循序渐进地增加难度。如为了锻炼学生的躲闪能力，教师在低年级可组织开展比较简单的"老鹰捉小鸡"游戏；到了高年级，则宜组织带球过人等难度较大的躲闪游戏。

### （二）注重强身健体

小学体育活动以强身健体为主要目的。

首先，小学体育活动要与竞技体育活动相区分。小学体育活动以增强小学生的体质和体能等为目标，竞技体育活动的目标则是在比赛中战胜对手，取得胜利。小学体育活动不应以损害小学生的健康为代价，一味地追求高超的运动技艺、出色的测验成绩。

其次，教师要合理安排小学体育活动内容。由于小学生的心肌力量较弱，骨骼容易变形，肌纤维较细，一般情况下运动量不宜过大，练习时间不宜过长。这就需要教师合理安排练习的强度、次数和间隔时间等，并且要注意上肢和下肢活动的搭配，注意跳跃游戏与投掷游戏的结合，在安排非对称性练习后，要增加另一侧肢体的练习，如单脚跳等。同时，教师还应向小学生传授一些有关锻炼的卫生知识，如怎样进行准备活动与放松活动等，防止小学生在运动中受伤。

最后，学校的体育活动场地、器材等要安全、规范，适合儿童的身体发育特点，以保证体育活动的正常开展。

### （三）注重体育锻炼习惯的培养

体育锻炼习惯是个体在长期参加体育活动的过程中逐渐形成的，已养成了体育锻炼习惯的人，即使他的生活环境发生了变化，仍会持之以恒地进行体育锻炼。体育锻炼的重要性已不用赘述，从小培养的体育锻炼习惯足以受用终身。

小学生由于认知的局限性不能全面地认识到锻炼的重要性，加之，他们处于精力旺盛的阶段，很少出现精力不济的状况，因此对锻炼的内在需要不明显，大部分小学生是在教师、父母的要求下进行体育锻炼的。根据小学生的这些特点，教师及家长应以身作则，树立起良好的榜样，发挥积极的影响力，提高小学生参与锻炼的积极性。同时，教师和家长应让小学生从各种体育活动中体会和享受到乐趣，使小学生参加锻炼的动机由外部动机转变为内部动机，从而长期坚持锻炼，最终形成习惯。

## 四、美育

当前，美育活动在一定程度上被窄化为艺术教育活动，美育活动的功能也因此被弱化和制约。① 为此，教育者要打破对美育活动的狭隘化认识。美育活动是审美教育活动，也是情操教育和心灵教育活动，不仅能提升学生的审美素养，对学生的情感、性格、气质和胸襟产生潜移默化的作用，而且能激发学生的进取精神，温润学生的心灵。小学美育活动一要丰富多彩，二要注重中华优秀传统文化的传承与创新。

### （一）开展丰富多彩的美育活动

美育活动要引导学生感受美、欣赏美、表现美、创造美，丰富学生的审美体验，全面提升学生的审美素养和人文素养。为此，学校要开展多种多样的美育活动。具体而言，小学阶段要在开设音乐、美术和书法等课程的基础上，逐步融入舞蹈、戏剧和影视等相关内容；同时，要丰富艺术实践活动，推广面向全体学生的合唱、集体舞、课本剧，以及前往艺术实践工作坊和博物馆、非遗展示传习场所体验学习等实践活动，开展校级、年级和班级范围的群体性展示活动，还可以结合实际条件，组织参加省级小学生综合性艺术展演。

### （二）注重中华优秀传统文化的传承与创新

新时代美育活动是传承与创新中华优秀传统文化的重要载体。学校要植根我国文化沃土，重视挖掘文化资源，使其成为美育活动源源不断的发展动力。学习中华优秀传统文化有助于小学生在多元文化下明辨是非、美丑，自觉追求美好的事物，找到正确的发展道路。

## 五、劳动教育

2015年，习近平总书记在庆祝"五一"国际劳动节暨表彰全国劳动模范和先进工作者大会上强调，中华民族是勤于劳动、善于创造的民族。正是因为劳动创造，我们拥有了历史的辉煌；也正是因为劳动创造，我们拥有了今天的成就。但在过去一段时间里，小学劳动教育活动被人们忽视，主要表现为劳动教育活动无方向、无计划，劳动甚至被当成惩罚的手段等。劳动教育活动是有目的、有计划的活动，可以细化为日常生活劳动、生产劳动和服务性劳动，这些活动让学生动手实践、出力流汗，接受锻炼、磨炼意志，培养学生正确的劳动价值观和良好的劳动品质。

党的二十大报告强调，在全社会弘扬劳动精神、奋斗精神、奉献精神、创造精神、勤俭节约精神，培育时代新风新貌。在2020年召开的全国教育大会上，习近平总书记强调："要在学生中弘扬劳动精神，教育引导学生崇尚劳动、尊重劳动，懂得劳动最光荣、劳动最崇高、劳动最伟大、劳动最美丽的道理，长大后能够辛勤劳动、诚实劳动、创造性劳动。"2020年，中共中央、国务院出台的《关于全面加强新时代

① 张俊列，杨靖雪. 当前学校美育课程开发的价值指向、问题与对策［J］. 教育科学研究，2022（1）：55-59.

大中小学劳动教育的意见》，站在培养德智体美劳全面发展的社会主义建设者和接班人的战略高度，对切实加强新时代大中小学劳动教育作出全面部署，是构建德智体美劳全面培养的教育体系的重大举措。

具体而言，小学劳动教育活动要考虑学生的年龄特征和身体状况，整合家庭、学校、社会等多方面力量开展。

### （一）考虑学生年龄特征和身体状况

劳动教育活动要符合学生的年龄特征和身体状况。比如，小学低年级要注重围绕劳动意识的启蒙，组织日常生活自理类的活动，引导学生感受劳动乐趣，知道人人都要劳动。小学中、高年级要注重围绕卫生、劳动习惯养成组织开展劳动教育活动，让学生做好个人清洁卫生，主动分担家务，适当参加校内外公益劳动，学会与他人合作劳动，体会到劳动光荣，在以体力劳动为主的前提下，引导学生手脑并用，注意安全、适度地劳动。

### （二）家校社协同开展劳动教育活动

劳动教育要整合家庭、学校和社会等多方面力量，要将家庭劳动教育活动日常化开展、学校劳动教育活动规范化开展、社会劳动教育活动多样化开展结合，形成协同育人格局。家庭劳动教育活动可以洗衣、扫地和洗碗等学生力所能及的家务活动为主。学校要与家庭密切联系，转变家长对学生参与劳动的态度，让家长理解劳动对孩子学习、生活和未来长远发展的重要价值，引导家长成为孩子家务劳动活动的指导者和协助者。学校劳动教育活动除了每周不少于1课时的劳动教育课外，还可在学年内或寒暑假安排以集体劳动为主的劳动周。社会劳动教育活动需充分利用劳动教育实践基地和综合实践基地等资源，与研学旅行、少先队活动和社会实践活动结合，根据地域特征，开展农业生产、工业体验、商业和服务业实习等活动。

在学校中，人们以学科课程作为教育工作者之间分工的基础，这导致各种教育活动割裂的问题。

教育活动本身具有综合性，其影响不是单一的，而是丰富的，不仅有显性的、直接的和即时的影响，还有隐性的、间接的和长期的影响。这些隐性的、间接的和长期的影响使显性的、直接的和即时的影响变得更丰富、更有效和更持久。可以说，只有克服了校内管理分工和教育任务的分解所带来的对教育活动功能单一化的认识，才能充分地发挥出教育活动的多方面功能，有力促进小学生的全面发展。

☞ 教师资格考试《教育教学知识与能力》笔试考点：了解小学综合课程和综合实践活动的基本知识。

### 学习评估

请根据自己的学习情况进行评估，如已达到要求，在相应方框内打"√"。

☐ 我已理解并熟记小学教育内容的含义和层次。

☐ 我能明辨小学教育内容多种取向的争论焦点并理解其中涉及的重要概念（如形式教育和实质教育等）。

第六章试题

□ 我已了解当前小学教育内容选择的原则。

□ 我已掌握五育并举的内容与要求。

## 扩展阅读

请利用课余时间阅读以下文献，并做好读书笔记。

1. 石中英. 知识转型与教育改革［M］. 2版. 北京：教育科学出版社，2020.

该书系统考察了由古至今的知识类型、知识更迭与教育改革的关系，分为"知识与教育""知识、知识型与知识转型""人类历史上的三次知识转型""知识转型与教育改革的历史透视""知识性质的转变与教育改革""知识增长方式的转变与教育改革""显性知识、缄默知识与教育改革""人文世界、人文知识与人文教育""本土知识与教育改革"九大部分。阅读该书能够帮助教师全面、深刻地思考教育中的"知识"问题。

2. 罗生全，艾兴. 中小学校本课程开发［M］. 重庆：西南大学出版社，2023.

该书以校本课程开发理论为基础，对校本课程开发的概念、构成、价值、组织和实施主体等进行系统阐述，在此基础上，对校本课程开发的审议、流程、操作和模式等进行分析。阅读该书有助于教师形成有关校本课程开发的基本观点、系统思维和专业素养。

## 反思・探究・对话

请分小组调查小学教师在教材内容处理、班级活动内容研制、校本课程内容设计方面存在的问题，尝试分析原因，提出对策，形成调查报告，并在全班交流。

思维导图

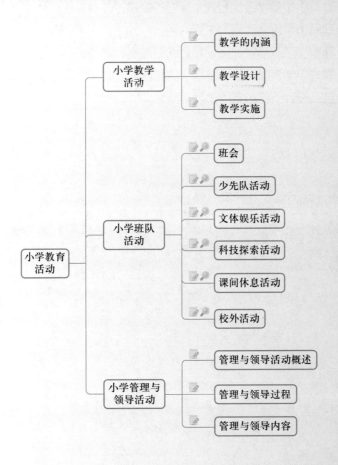

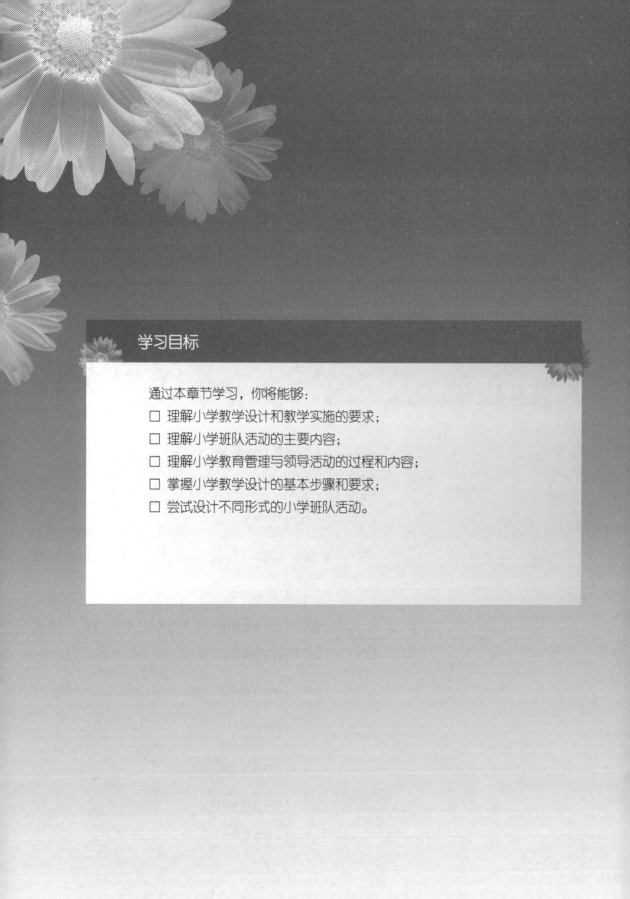

## 学习目标

通过本章节学习，你将能够：

☐ 理解小学教学设计和教学实施的要求；

☐ 理解小学班队活动的主要内容；

☐ 理解小学教育管理与领导活动的过程和内容；

☐ 掌握小学教学设计的基本步骤和要求；

☐ 尝试设计不同形式的小学班队活动。

### 与"食"俱进，"育"见美好——小学低年段"食育"项目化学习活动[①]

2022年6月27日，国家卫生健康委员会召开的新闻发布会提出将协同教育、市场监管等部门落实好《学校食品安全与营养健康管理规定》，组织专业机构指导学校开展"食育"进课堂活动。

某小学结合问卷调查结果，将"食育"项目化学习活动分为"学餐桌礼仪""探饮食文化""践劳动之行""育美好品质"四个方面。"学餐桌礼仪"引导学生通过绘画呈现日常就餐场景和分享就餐过程，探讨餐桌礼仪；组织学生认识各种食物，听食物"诉说"其营养价值和科学食用方法，改正挑食的坏习惯；鼓励学生成为宣传员，传播良好的饮食习惯。"探饮食文化"可以与语文教学结合开展，在学习节日和美食相关课文时，激发学生对传统美食的探究欲；可以与道德与法治课程中的《家乡物产养育我》结合开展，组织学生寻找家乡特产，增强对当地传统饮食文化的认同感。"践劳动之行"将劳动教育和"食育"有机结合，组织学生种菜，形成对食物的敬畏之心，理解"粒粒皆辛苦"；为学生提供参与烹饪的机会，引导学生做力所能及的家务；支持学生动手制作简易的食物，体验烹饪带来的乐趣。"育美好品质"也可以与语文教学结合，如在学习《悯农》等古诗时，让学生演一演、诵一诵，感受农民的辛苦和粮食的来之不易；也可以利用"中国农民丰收节"促进学生理解丰收的内涵、体验丰收的喜悦，还可以开展以学习袁隆平的精神为主题的"食育"活动，引导学生感受粮食增产的不易，珍惜粮食。

小学教育活动是小学教育的重要组成部分。小学教育目标需要在持续不断的小学教育活动中达成，小学教育内容需要在丰富多彩的小学教育活动中落实。在漫长的历史发展过程中，人们创设了各种各样的小学教育活动，也使小学教育活动具备了独特的结构。具体而言，小学教育活动可以分为教学活动、班队活动、管理与领导活动。

微课：小学教育活动的特点

## 第一节　小学教学活动

本节知识点：教学；教学设计；自主学习；合作学习；探究学习

---

① 沈奕雯. 与"食"俱进，"育"见美好：小学低段"食育"课程设计与实施［J］. 基础教育课程，2023（11）：39-46.

教学活动是学校的中心工作，是实现教育目的的主要途径，人们常使用"教书""上课""教课"等词来指代教学活动。本节在阐述教学内涵的基础上，对教学设计和课堂教学进行了分析。

## 一、教学的内涵

从词源上看，教学由"教"和"学"两个字组成。按照许慎《说文解字》的解释，"教，上所施下所效也"；学，原为"斆"，"觉悟也"，觉悟互训，"寤也"，"寐觉而有信曰寤；一曰昼见而夜梦也"。从词源的角度说，"教"侧重传授和接受的行为，"学"偏重内心的感受和所得。综合来看，教学的基本含义是传授、仿效而心有所得。在英文里，"教"常用 teach 表示，"学"多用 learn 表示，而"教学"则常用 instruction 表示。从教学的要素看，教师、学生和教学内容是大家都认可的教学活动的基本要素。[①]

从教学本质来看，教学活动本质上是一种特殊的认识活动，这是我国比较流行的一种教学本质观。具体来说，教学主要解决如何使学生从不知道到知道、从知之不多到知之较多的问题，即让学生认识客观世界、掌握文化知识的问题。当然，教学还承担着发展学生能力和品德等多方面的任务，这些任务是在掌握文化知识的基础上和过程中完成的。[②]

## 二、教学设计

教学设计是教学活动实施的顺利保障，是一个系统规划教学内容和各要素的过程，主要包括学情分析、教学内容分析、教学目标确定、教学重难点确定、教学过程设计等。

（1）学情分析。第一，了解学生学习新任务的先决条件或预备状态，主要指学生在知识与技能、核心素养等方面的现有状态；第二，了解学生对学习新任务的情感、态度，主要涉及学生的学习愿望、毅力、动机、兴趣等；第三，了解学生的自我监控能力，主要涉及学生的学习习惯、方法、策略及风格等。

（2）教学内容分析。第一，分析课程标准，着重领会课程标准的意图，对学科教学的体系结构、特点和原则等有总体把握。第二，分析教材内容，要把每一个知识点都弄懂、弄通，在熟悉内容的基础上，将课程标准和教材内容进行比较，明确教学内容上的重点和难点。第三，分析参考资料，参考资料是为有效达成课程标准的要求及教材的要求而服务的，所以教师要有的放矢地选择参考资料，参考资料不在"多"而在"精"。

---

① 王本陆. 课程与教学论［M］. 4 版. 北京：高等教育出版社，2023：127.
② 王本陆. 课程与教学论［M］. 4 版. 北京：高等教育出版社，2023：135.

## 案例分析

### 课文顺序的调整

○ 案例①

小学语文教材二年级下册第三单元的核心任务是"发现汉字的秘密"，课文编排顺序为《神州谣》《传统节日》《"贝"的故事》《中国美食》。研读文本，我们可以发现《神州谣》《传统节日》《中国美食》中提到的风景名胜、传统节日和美食都与学生生活密切相关；而《"贝"的故事》是对汉字的追根溯源，学生可能缺乏相应的生活体验。因此，教师可以将《"贝"的故事》和《中国美食》的教学顺序对调。调整后，教师教学《神州谣》《传统节日》《中国美食》时，可以创设真实的任务情境，关联学生已有生活体验、知识与兴趣，让学生在生动的情境中识字、写字。接着，教师还可以用"故事会"的形式进一步开展教学，让学生在故事情境中了解字源、造字规律和汉字文化。

○ 分析

教材中的每一个章节、每一道例题都有特定的教学目标，蕴含着特定的编写意图。因此，教师只有在尊重教材的基础上，研读教材，理顺知识结构，领会编写意图，才能深入地挖掘教材的精彩之处，提升学生的学习效果。强调尊重教材、研读教材，并不是要教师照本宣科。教师在尊重和研读教材内容的基础上，发挥自己的专业能力和智慧，根据实践中的具体状况，创造性地调整和拓展教材内容，能够显著地提升教学效果。如果调整教材内容的呈现顺序可以优化教学，教师就可做灵活处理，不必按照顺序从教材第一页教至最后一页。

☞ 教师资格考试面试考点：能够根据课程标准处理教学材料，确定教学目标，突出重点和难点；能够基于小学生的知识基础和生活经验合理设计教师活动；学生活动设计有效，能引导学生通过自主参与、合作探究的方式达成学习目标。

（3）教学目标确定。教学目标规定了学生在教学活动结束后的学习结果。一般来说，教学目标可以分别从认知领域、技能领域、情感与态度领域、动作领域、人际交往领域去分析。教学目标的确定，应基于对学生核心素养发展、课程标准和教学内容等的分析，要依据学生的实际状况，要符合相应课程标准的规定，同时不能脱离教学内容。

（4）教学重难点确定。在确定教学重点时，教师要识别最重要、最基本的中心内容，找到知识网络中的联结点。在确定教学内容的难点时，教师不仅要从学科内容的逻辑来考虑，还要从学生已有的状态来考虑。难点不仅是学科逻辑中的瓶颈，同时更是学生理解上的"症结"。当学科逻辑与学生心理逻辑相一致时，难点的确定较为容易；当两者相矛盾甚至截然冲突时，学生心理逻辑应被置于优先的位置。学生理解上的难易同他们对新任务的熟悉度有关，即有多少旧经验可以用来帮助他们接受新经验。

（5）教学过程设计。教学过程的设计要考虑多方面因素，如：第一，考虑课时。

---

① 蒋晓茹. 大单元大任务设计让自主识字真实发生：统编本教材二年级下册第三单元教学实践与思考［J］. 语文建设，2019（8）：14–17.

第二，选择策略、方法和媒体。总的要求是，做到合理选择、优化组合、扬长避短、区分使用。第三，选择教学组织形式。教学组织形式是反映课堂上师生、生生之间相互作用的外部结构形式。全班教学、小组教学、个人自学三种具体教学形式反映了师生、生生互动的不同特征，教师应该努力做到适当转换、优势互补。

## 三、教学实施

在设计阶段之后，教学便可以进入具体实施阶段。在小学教育活动中，课堂教学是教学活动实施的主要途径。《义务教育课程方案（2022 年版）》指出，引导学生明确目标、自主规划与自我监控，提高自主、合作和探究学习能力，形成良好的思维习惯。为此，教师应积极开展自主学习、合作学习和探究学习活动。

### （一）自主学习

自主学习是指学生独立完成某项活动或任务的方式。学生能够根据自身已有知识，结合自身学习能力和动机，主动调整学习策略，独立完成学习。[1] 自主学习强调学生对学习的主动选择、主动规划和主动监控，重视培养学生在学习方面的独立自主性。有学者将自主学习的特征概括为主动性、独立性和自控性：（1）主动性，即学生对学习的内在需要，主要表现为学习兴趣和学习责任；（2）独立性，表现为学生在不依赖他人的情况下独立解决问题；（3）自控性，表现为学生对学习的自我计划、自我调整、自我指导和自我强化。[2]

学生开展自主学习，需要具备一定的内部条件：（1）自主学习必须以学生心理发展水平为基础，学生要"能学"。比如，学生的元认知能力未发展起来，他们就不能将自己的学习活动作为意识的对象，无法进行自主监控和自主调节，也就不能进行自主学习。（2）自主学习必须以学生的内在学习动机为前提，学生要"想学"。内在学习动机是评判学习是否自主的一条重要依据。在没有外部压力或要求的情况下，学生如果缺乏内在的学习动机，就不可能自觉确定学习目标，启动学习过程，自主学习也就无从谈起。（3）自主学习必须以学生掌握一定的学习策略为保障，学生要"会学"。面对既定的学习任务，如果学生缺少相应的问题解决策略，即使具有较强的学习动机，学习也不可能顺利进行。因此，拥有充足的学习策略并能熟练地运用这些策略，是自主学习不可缺少的条件。（4）自主学习必须以意志控制为条件，学生要能够"坚持学"。在学习过程中，学生难免会遇到一些学习困难和干扰，这时就需要学生用意志努力来控制自己，使学习持续进行。[3]

同时，学生的自主学习也需要教育指导等外部条件。如果教师使自主学习流于形

---

[1] 周洪宇，李宇阳. ChatGPT 对教育生态的冲击及应对策略［J］. 新疆师范大学学报（哲学社会科学版），2023，44（4）：102–112.

[2] 余文森. 论自主、合作、探究学习［J］. 教育研究，2004（11）：27–30.

[3] 庞维国. 论学生的自主学习［J］. 华东师范大学学报（教育科学版），2001（2）：78–83.

式，放任学生自由学习，不仅不会达到自主学习的效果，还会使学生茫然无措，步入矫枉过正的歧途。自主学习并不意味着教师放任不管，反而要强调教师对学生的指导。教师指导学生进行自主学习可以从以下五个方面入手：激发学生学习动机、指导学生制定目标和计划、指导学生自主解决问题、指导学生自主评价、指导学生自我拓展。我国开展了许多以指导学生自主学习为目标的教学探索，比如中国科学院心理研究所的"自学辅导教学"研究等。这些探索重视培养学生的自主学习习惯与能力，在一定程度上推进了自主学习的发展进程。

### （二）合作学习

合作学习是指学生在小组或团队中为了完成共同任务，有明确的任务分工的互助性学习。合作学习强调社会互动。相对于个体独立的学习，合作学习更具社会性。学生不仅要在完成任务中贡献自己的力量，保证自己学有所成，还要帮助其他同学，所以合作学习过程中有更多的互动。合作学习致力于将课堂与学校看成人际交往的主要场所，倡导师生之间、生生之间对话交流，在情感上融为一体，在能力上彼此互补，在任务角色上多样体验，在活动中自主调节，真正形成一个"学习共同体"，从而开辟一条愿意学、乐意学的新途径。①

责任到人、人人尽责，是合作学习区别于小组学习的根本标志。合作学习常流于形式，出现"搭便车"的问题。责任混淆不清，每个人"要为自己的学习负责，也要对同伴的学习负责"的承诺机制尚未确立或形同虚设，是导致这一问题的原因之一。只有每位小组成员都有主人翁意识，在活动中体会到自己的独特作用并看到同伴的才能，合作的局面才会出现。②

合作学习可以概括为六大核心要素：（1）反思。只有当对所学内容进行有意识的反思或加工整理时，学生接收到的信息才能与头脑中已有的知识和概念框架建立起联系。（2）个体成就。教师要设计出能够让学生切实承担起各自责任的学习任务。即便是在需要小组共同完成的项目、表演或展示活动中，教师也要明确每位学生的个体责任，确保每位学生获得学习成就。（3）协作。布置一项简单的学习任务，如为小组取一个响亮的名字、设计一个小组目标或口号等，也能够促进学生团队合作意识的形成。然而，只有当小组面临的学习任务具有足够的挑战性，需要组内每一位成员都认真思考和努力时，小组成员之间才有可能形成更深层次的协作。（4）高阶思维。教师不能仅仅满足于学生正确回答问题，还应当进一步探询和追问学生是怎样得到这一答案或结论的。（5）情感纽带。生生、师生之间建立起情感纽带。（6）社交技能。小组成员必须知道如何实现有效领导、如何决策、如何建立信任、如何相互沟通、如何管理冲突，以及如何积极主动地运用这些技能。③

---

① 盛群力. 合作学习的创新特色［J］. 全球教育展望，2004，33（5）：52-55.
② 马兰，盛群力. 究竟是什么促成了合作：合作学习基本要素之比较［J］. 教育发展研究，2008（18）：29-34.
③ 威廉姆斯. 合作学习有讲究［M］. 谭文明，译. 北京：教育科学出版社，2021：14.

合作学习在发展和应用过程中为教学改革提供了新的路径，使教学活动不只是认知的过程，还是交往互动的过程。但是，在实践中，教师对合作学习仍然存在一些误解。比如，将合作学习简单等同于小组讨论，课堂上匆匆忙忙"走过场"；又如，一些所谓的合作学习，往往以个别学习成绩突出的学生为主角，其他学生"搭便车"、充当"看客"，久而久之形成"好的越来越好，差的越来越差"的恶性循环；还有一些教师只负责分工，忽视对学生互动、交流等合作技能的针对性指导。

合作学习绝不仅仅是把学生分成若干个组，让学生以小组为单位自己学习，教师对合作学习的指导尤其重要，这是避免合作学习走向狭隘化、形式化和表面化的关键。其一，教师要重视激发学生合作学习的内在动机，引导学生体验合作带来的共享、共赢价值，帮助学生提升自身的合作学习能力。其二，教师可以运用信息技术等，帮助学生拓展合作学习的途径，营造支持性的合作学习文化，促进学生的合作学习由表面化走向深化。其三，教师要不断提升组织和指导学生开展合作学习的能力。

### （三）探究学习

人们对探究学习有不同的定义。有学者认为，探究学习即从学科领域或现实社会生活中选择和确定研究主题，在教学中创设一种类似于学术（或科学）研究的情境，学生通过自主独立地发现问题、实验、操作、调查、搜集与处理信息、表达与交流等探索活动，获得知识、技能、情感与态度的发展，特别是探索精神和创新能力的发展的学习方式。和接受学习相比，探究学习具有更强的问题性、实践性、参与性和开放性。经历探究过程以获得理智能力发展和深层次的情感体验，建构知识，掌握解决问题的方法，是探究学习要达到的三个目标。[①] 也有学者提出，探究学习是指学生在教师指导下，为获得科学素养以类似或模拟科学探究的方式所进行的学习活动。[②] 项目式学习就是探究学习的一种典型实践模式。

为了促进学生的探究学习，教师可以考虑采用以下几种策略：

第一，营造民主氛围，创设学生探究的条件。只有在平等、包容、开放的环境下进行学习，学生才可能勇于探究，敢于和乐于表达自己的见解和质疑。因此，师生应该共同努力建立真诚、理解、宽容的师生关系，教师要尊重和鼓励学生的质疑精神和求异思维。

第二，培养问题意识，激发学生探究的欲望。在探究学习中，教师不能直接将答案或结论告知学生，而是要创造适当的学习情境，让学生经历发现问题、提出问题、分析问题和解决问题的过程。学生在这个过程中探究和建构知识并提高能力，形成探索未知世界的积极态度等。

第三，开展实践活动，培养学生探究的能力。教师应以实践活动为载体，使学生在亲身参与中持续提高发现、提出、分析和解决问题的能力。

---

① 钟启泉，崔允漷，张华. 为了中华民族的复兴 为了每位学生的发展：《基础教育课程改革纲要（试行）》解读［M］. 上海：华东师范大学出版社，2001：261-262.
② 靳玉乐. 探究学习［M］. 成都：四川教育出版社，2005：7.

## 第二节　小学班队活动

*本节知识点：班会；少先队活动*
*本节技能点：设计不同形式的班队活动*

在小学阶段，除了课堂教学外，班队活动也是全面育人的重要载体，是课堂教学的重要补充。班级、少先队是小学生进行学习和交往的微环境，是小学成长的摇篮，对于小学生而言具有不可替代的价值。班队活动形式多样，活动范围远远超出教室范围，但是，这并不意味着班队活动是随意的。班队活动作为班队组织建设和实现班队管理目标的专门途径，无论以何种形式开展，都一定是以班队组织建设和相应的班队教育要求为出发点的。比如，读书节、合唱节、春游、研学旅行等活动，都是能够充分调动学生积极性、具有教育意蕴的班队活动。《义务教育课程方案（2022年版）》规定，班团队活动原则上每周不少于1课时。

教师资格考试《教育教学知识与能力》笔试考点：了解小学班队活动的基本类型；掌握组织小学班级活动的基本途径和方法；能够整合各种教育资源，组织有效的班队活动，促进小学生健康成长。

班队活动丰富了小学生的学校生活，其种类也多种多样。具体而言，常见的小学班队活动有以下几种。

### 一、班会

班会具体包括晨会、周会等，是进行班级和少先队中队管理与教育的重要形式。它由班主任或班干部主持，主要是为了处理班级日常事务，如总结、布置班级工作，进行表扬与批评、开展常规教育，选举三好学生、优秀少先队员、优秀班干部；讨论规章制度、制订班级工作计划等。班会有助于师生之间、同学与同学之间进行思想交流，形成良好班风。

从形式来看，班会可以分为班级例会和主题班会。主题班会与班级例会相比，主题鲜明，有较强的针对性。不论开展何种形式的班会，教师都要注重观察学生，了解学生，了解班级情况。

**案例分析**

**我的生命＝？**

○ 背景

三八妇女节，一位小学教师在课上让孩子们夸夸自己的妈妈，结果主动举手的人很少，即使站起来"夸"，也不过是妈妈做饭、搞卫生非常辛苦等。是学生不肯夸，还是不会夸？教师问了几个学生，终于明白：孩子们缺乏的不是表达的语言，而是一颗感恩之心。

根据这样的学情，教师决定开展感恩教育。思前想后，反复斟酌，教师最终将主题提炼为"我的生命＝？"。教师通过预设"我的生命＝从母亲孕育我到成长为六年级的学生所需的费用"以及"我的生命＝父母亲、爷爷奶奶养育我所花的时间"等内容，循序渐进，不断点拨，促使小学生自己生成"我的生命＝无价"这一认识，进而产生感恩父母、感恩老师、感恩亲人和朋友、感恩社会的情感。①

○ 分析

"感恩"是非常重要的价值观念，很有必要成为小学班级活动的主题，但是，这位教师并没有直接将活动主题定为"感恩"，而是创造性地以一道特殊的计算题作为活动主题。这一新颖的活动能够激发小学生的兴趣，吸引小学生的注意。同时，师生共同做这道特殊的计算题，有利于小学生获得直观的认识，产生直接的教育效果。可见，分析学情重要，确定学习主题也重要，根据学情艺术地提炼出小学生喜闻乐见、易于接受的活动主题更重要。

一道特殊的计算题，在一定程度上使学生懂得了要有一颗感恩的心，要感恩父母，感恩师长。这是教师巧拟内容的结果。

确定班会主题之后，教师需要注意的是，不应喋喋不休地说教，而是要考虑将其转化为学生的体验和感悟，使其春风化雨般地走进学生的心灵，自然而然地触动学生的心弦。这就是教师巧拟主题的精妙之处，也是需要广大教师予以关注和发挥创造力的地方。党的二十大报告指出，要用社会主义核心价值观铸魂育人。从这个意义上说，确定学生学习的内容并不难，难的是如何加以设计以促使学生自然而然地理解和认可这些内容及其所承载的价值观念，进而使外在的教育内容真正转化为学生的个体经验。

## 二、少先队活动

2021 年，中国少年先锋队全国工作委员会（简称"全国少工委"）印发了《少先队活动课程指导纲要（2021 年版）》。目前，少先队活动以一种正式课程来开展。

1. 少先队活动的内容

按照《少先队活动课程指导纲要（2021 年版）》的规定，少先队活动课程可以分为政治启蒙、组织认同、道德养成和全面发展四个模块，每个模块的具体内容如下：

政治启蒙的主要内容包括习近平总书记对少年儿童的希望要求；党史、新中国史、改革开放史、社会主义发展史中的故事；中华民族伟大复兴的中国梦；中华民族共同体意识；中国共产党带领全国各族人民为实现中华民族伟大复兴不懈奋斗的光辉

---

① 朱丽萍. 我的生命＝?：一道特殊的计算题引发的感恩教育 [J]. 班主任, 2007（8）: 21.

历程和伟大成就；中国共产党人的精神谱系；中国共产党的基本知识、习近平新时代中国特色社会主义思想等基本政治常识。

组织认同的主要内容包括党、团、队关系的基本知识；少先队的历史；少先队标志礼仪、仪式等组织文化的政治内涵；少先队员的权利和义务；开展组织意识实践，如完成组织交给的任务，遵守队的纪律，服从队的决议等；开展活动实践，如主动参与队的组织生活、实践活动和阵地建设等；开展民主实践，如民主选举、讨论协商等；开展团前教育和推优入团。

道德养成的主要内容包括社会主义核心价值观；中华优秀传统文化和中华传统美德，新时代社会主义公民道德等基本道德品质；革命烈士、英雄人物、时代楷模、道德模范的故事和精神品质学习与实践；集体主义道德原则，人民利益高于一切的意识，全心全意为人民服务的精神；遵守规则、遵守纪律的实践等。

全面发展的主要内容包括新时代奋斗精神学习和实践；普通劳动者、大国工匠、科技工作者等奋斗榜样寻访交流；生活习惯、劳动习惯和运动习惯；集体和社会劳动体验、科技创新实践和文体活动实践；辩证思维和理性思考实践；价值评价标准和价值体认；媒介素养常识；心理调适和抗挫抗压能力；自护自救知识与生命教育等。

### 2. 少先队活动的形式

少先队活动课程主要通过组织生活、队课、仪式教育、实践活动、协同教育等形式开展，可以一种形式单独开展，也可以多种形式相结合开展。

组织生活是少先队员在少先队组织中进行教育与自我教育、管理与自我管理、监督与自我监督的重要形式。其关键要素包含规范组织程序、营造组织氛围、遵守组织纪律和注重民主体验。

队课是少先队组织对少年儿童开展党、团、队基本知识教育、时事教育等的主要形式。其关键要素包含明确队课主题、制定教育内容、设计互动内容和融入组织文化。

仪式教育是系列化、程序化的少先队集体礼仪教育。其关键要素包含营造庄重氛围、规范仪式程序、规范使用标志标识和注重情感体验。

实践活动是少年儿童通过各种实践进行学习和自我教育的活动。其关键要素包含利用社会资源、注重教育内涵、自主实践体验和重视交流分享。

协同教育是少先队组织与学校、家庭、社区和社会联建共育的方式。其关键要素包含融合教育目标、多元主体参与、整合教育资源和形成教育合力。

## 三、文体娱乐活动

文体娱乐活动包括文学、艺术、体育等活动。文体娱乐活动内容丰富，主要以陶冶情操，增强体质，培养艺术欣赏与创造能力，提高文学、艺术素质与身体素质为目的。例如，教师可以组织小学生欣赏电影、戏剧和其他文艺作品，开展音乐、舞蹈、器乐、美术、书法、雕刻、摄影、集邮等活动，使他们受到美的熏陶；也可以组织他们进行体操、球类、田径、游泳、登山、武术、棋类、滑冰、拔河等活动。学校在抓好小学生课堂学习的同时，利用课余时间，组织小学生开展各种生动有趣的文体娱乐活动，可以丰富小学生的精神文化生活，调节小学生的学习节奏，赋予小学生生活情趣，使班级充满活力。

文体娱乐活动要寓教于乐，把深刻的教育内容寓于生动活泼的娱乐形式之中。"乐"只是"教"的辅助手段，过分夸大"乐"的作用就会出现"娱乐至上"的现象。当然，缺少了"乐"的形式，小学生感受不到心灵的愉悦，也就谈不上取得了良好的教育效果，更无法实现活动目的。

### 四、科技探索活动

科学探索活动日益受到人们的重视。发展学生对科技的兴趣和科学探索精神，成为学校课外活动的重要目标之一。科技探索活动主要包括航模、无线电、机械、气象观测、标本制作、良种培育以及电子计算机等类别。这些活动以科学探究为主要目的，不仅可以帮助学生巩固已掌握的科学知识和技能，而且还可以扩大学生的眼界，帮助学生了解一些当前科学技术上的新成果、新信息，满足学生旺盛的求知欲和多方面的兴趣爱好。这些活动还可以培养学生的自学能力、操作能力和把知识运用于实践的能力，激发学生进行创造发明，有助于学生形成学科学、用科学、爱科学的好学风，并发现和培养有创造才能的学生。

### 五、课间休息活动

学校中每两节课之间一般有 10 分钟的课间休息时间，这一安排有利于学生消除身体与心理的疲劳，提高学习效率。一方面，在课间休息时，学校应让儿童走出教室去活动。这样一是可以消除大脑疲劳，振奋精神，保证下一节课的学习效率；二是可以放松眼、腰、背等处肌肉，预防近视等；三是可以呼吸新鲜空气。另一方面，在课间休息时，学生不宜进行剧烈运动。如果在剧烈运动后立即进教室上课，这时他们的心跳仍较快，注意力很难集中，学习效果势必受到影响。

小学生课间休息时可进行运动量比较小的活动，如踢毽子、跳绳、跳橡皮筋等。学校和教师应组织小学生认真做好广播体操与眼保健操，因为"两操"对全面缓解学生身心疲劳具有不可替代的作用。教师应帮助学生了解"两操"对个人身心的诸多益处，有力调动学生的积极性；应对每个学生的技术动作进行指导，使学生均能较为规范地完成"两操"；应对领操员进行指导，要求其做到动作规范、节奏鲜明，特别是做广播体操时要体现力与美的结合，从而使其产生较强的感召力。

值得一提的是，为了确保学生每天至少有 1 小时的体育锻炼，近年来已有越来越多的小学把课间操扩展为大课间活动，并取得了显著效果。大课间活动正在逐渐发展成为有组织、有计划开展的一种活动类体育课，特别受小学生的喜爱。

🔵 **学习活动** ｜ 以小组为单位，分享自己所了解到的小学大课间活动，包括内容、形式、优点与不足等。如有可能，可展示相应的照片或录像。小组派代表在全班分享、交流。

### 六、校外活动

校外活动是综合实践育人的有效途径，对于落实立德树人根本任务，帮助小学生了解国情、热爱祖国、开阔眼界、增长知识，着力提高他们的社会责任感、创新精神和实践能力，培养他们成为德智体美劳全面发展的社会主义建设者和接班人具有重要价值和意义。研学旅行、营地研学、博物馆之旅等是校外活动的典型样态。

校外活动是利用校外各类教育基地、机构和单位所提供的教育活动场所和资源，开展的不同主题和目的的教育活动。例如，利用历史博物馆、文物展览馆、物质和非物质文化遗产地等开展中华优秀传统文化教育；利用革命纪念地、烈士陵园（墓）等开展革命传统教育；利用法院、检察院、公安机关等开展法治教育；利用展览馆、美术馆、音乐厅等开展文化艺术教育；利用科技类馆室、科研机构、高新技术企业设施等开展科普教育；利用体育科研院所、心理服务机构、儿童保健机构、防灾科普馆等开展安全与健康教育；等等。

## 第三节　小学管理与领导活动

*本节知识点：小学管理与领导*

学校管理与领导是教育发展到一定历史阶段的必然产物，是伴随着学校教育工作的日益复杂化而产生与发展起来的教育活动的一种特殊组成部分，可以说，它是使学校教育工作得以顺利开展的保障。

### 一、管理与领导活动概述

学校教育活动是一个庞大的、复杂的且不断发展变化的系统，只有管理与领导发挥良好的指挥、控制、协调和引导作用，才能使教育活动不断发展和完善。良好的管理与领导既是实现教育目的的需要，也是提高教育教学质量的保证。因而，管理与领导已成为学校教育活动必不可少的组成部分。

广义而言，管理与领导活动在纵向上涉及课程、教学、学习等诸多内容，在横向上涉及学校教育活动、社会教育活动和家庭教育活动等诸多领域。狭义而言，管理与领导活动主要涉及学校层面与学校教育活动领域，是在实现教育目的的过程中，通过学校管理与领导者的指挥、控制、协调和引导作用，较好地开发学校中的人、财、物等资源，以发挥学校教育功能的活动。当然，由于学校系统是整个社会系统的有机组成部分，不能脱离社会生活而独立存在，所以，教育制度和政策法令、社会中的教育价值取向、家庭教育的状况等，必然影响学校的管理与领导活动。

## 二、管理与领导过程

小学管理与领导过程以工作目标为中心，由计划、实施、检查和总结四个环节组成。

### （一）计划

计划环节的关键就在于有针对性地制订各种适宜的学校教育工作计划，以便让管理与领导人员对工作胸有成竹。计划要具有针对性和适宜性，要遵循基于调研、发扬民主、责权统一和进程明确的原则。首先，计划的制订不能一蹴而就，不能闭门造车，需要进行广泛、深入的调研。其次，计划的制订要充分发扬民主性，要组织教职工、学生和家长等进行充分讨论、集思广益、反复修改，实现科学性、方向性与可行性等的统一。再次，计划制订要体现责权统一原则，即学校成员各司其职、各负其责、各享其权，都清楚自己拥有哪些权利，应该履行哪些职责，应该完成哪些任务。最后，学校要把计划内容进行分解，按月、按周做好安排，以便计划的具体执行和检查落实。

### （二）实施

实施是使计划变为行动的中心环节，是学校管理与领导中最关键的一环。它要求学校管理与领导人员随时掌握计划的实施进程以及人、财、物等的管理动态，通过组织、指导、控制、协调、激励等措施，最大限度地调动人们的积极性。

第一，组织。学校管理与领导人员根据计划要求对学校人力、财力、物力作出统筹安排，即对人员要进行恰当而明确的分工和调配，对财物要进行合理而高效的分配和使用，使人尽其才，物尽其用。

第二，指导。在实施计划的过程中，学校管理与领导人员应给所属各部门人员具体指导和帮助，共同研究解决工作重点、难点的具体办法。指导方式包括点拨式、启发式和示范式三种。

第三，控制。学校管理与领导人员采用各种途径，掌握学校各项工作的进展状况，对偏离方向、信息传递不畅、执行计划不力的现象要迅速作出反应。

第四，协调。在实施计划的过程中，部门之间、人与人之间、事与事之间常会发生各种矛盾。协调就是把各种关系处理好，解决矛盾和消除内耗，以保证计划顺利实施。

第五，激励。激励是指调动师生的积极性，激发他们的工作热情。在实施计划的过程中，命令的下达和执行固然重要，但是，全体成员合作进取，同心协力地开展好教育活动更为重要。

### （三）检查

检查是对各部门或个人工作进行监督考核并给予指导的活动，同时也是对学校管理与领导效果进行的检验和考查。

长期以来，人们创造并使用了许多有效的检查方式。它们按时间可分为平时检查、阶段检查、期末总结检查；按检查者角色可分为自我检查、相互检查、领导检查、群体代表检查等。

为保证检查的效果，检查者应遵循坚持标准、实事求是、突出指导和双方互动等原则。检查者切忌别出心裁，临时拿出标准，要以计划中的标准作为检查的尺度；切忌以简单地听取汇报而论好坏，要以典型事实材料为依据；切忌只做好差定论，应与指导相结合，及时提出指导性建议；切忌"一言堂"，应重视与检查对象的协调，增强全体成员的参与意识，杜绝"走过场"的无效检查。

### （四）总结

总结是对过去管理与领导工作进行的判断，学校通过总结既可以积累经验，也能找出存在的问题，为下一周期管理与领导工作的开展提出指导性建议。总结一般分为期末全面性总结、期中阶段性总结以及专题总结。在总结时，总结者要以检查结果为主要依据，特别要重视基于大量事实材料进行总结。此外，总结要做到观点明确、条理清晰、语言简练、具有激励性。

计划是起始环节，实施是中心环节，检查是中继环节，总结是终结环节。这四个环节前后衔接，既相互区别，又相互作用和紧密联系。其中，实施与检查往往相互交叉，多次循环。这四个环节围绕工作目标按照顺序协调运转，循环推进，从而促进学校教育活动的质量不断提高。

## 三、管理与领导内容

学校教育活动的开展以及管理与领导活动的进行，依赖相应的资源。学校要对资源进行谋划、筹集、掌握、组合和使用，以发挥其最大效能，这就成为管理与领导的内容。

（一）管理与领导要素

小学管理和领导内容，既包含人、财、物三个基本要素，又包括时间、空间和信息三个特殊要素，这些要素统一于学校的育人之"事"中。[①]

1. 基本要素——人、财、物

在管理与领导的内容中，人、财、物是基本要素。其中，人是能动性的资源，财、物是非能动性的资源。财、物只有由人掌握、支配和使用，才得以发挥作用。因此，在人、财、物三要素中，人力资源又是最主要的。学校中人力、财力和物力是由社会通过各种渠道提供的。人力资源丰富，财力雄厚，物力充裕，就会给学校教育活动和管理与领导活动的有效进行奠定坚实基础。反之，学校各项活动的开展必将受阻而成效甚微。因此，一方面，学校应主动地通过各种方式去争取人、财、物等资源，不应被动地等待；另一方面，要加强对人、财、物等资源的管理与领导，使其发挥最大的功效，避免资源的浪费。

2. 特殊要素——时间、空间、信息

人、财、物资源的管理与领导活动是在一定的时间流程之中、在一定的空间范围之内进行的，信息在其中起着沟通的作用，因而，时间、空间、信息也应纳入学校管理与领导的内容。在以往的学校管理与领导中，人们较为重视对人、财、物的管理，比较忽视对时间、空间和信息的管理。充分利用时间和空间，有助于增强学校管理与领导活动的有效性。此外，学校管理与领导活动的有效性在很大程度上依赖学校内外畅通、及时、准确的信息沟通与联络，取决于对信息这一特殊要素的管理与运用水平。

3. 要素的综合——统一于"事"中

在学校中，人、财、物以及时间、空间、信息等要素并不是孤立存在的，学校不应仅仅局限于分别对它们进行管理，还应着眼于对它们进行综合管理。

学校教育由一件件具有特定任务的育人之"事"构成。人、财、物以及时间、空间、信息等要素，均统一于这些育人之"事"中。学校管理与领导要做到以这些育人之"事"为中心，进行多种内容的有机整合，从而整体发挥管理与领导的功效。

（二）师生的管理与领导

人力资源在学校管理与领导工作中尤为关键，对教师和学生两类主体的管理与领导是其中的重点。

1. 教师的管理与领导

教师管理与领导工作，既涉及一所学校人力资源的开发与利用，也事关一所学校教师文化的建构与创新。当然，这样的文化建设原则必然要贯穿到教师的管理与领导的常规性工作之中。常规性工作包括图 7.1 中提到的几个方面的内容，其中特别重要

---

[①] 张济正. 学校管理学导论［M］. 修订本. 上海：华东师范大学出版社，1990：138-143.

的是教师的组织安排、检查考核与培养提高。

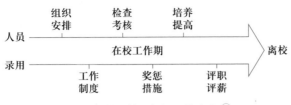

图 7.1　教师管理与领导的内容 ①

（1）教师的组织安排

教师的组织安排应以最大限度地发挥教师队伍的潜力，有利于学校教育活动的开展为目标。教师的组织安排要做到平等对待、扬长避短、因事配人和合理组合等。

第一，平等对待。领导者应平等对待教师，不能从主观好恶出发，厚此薄彼，感情用事，否则，会造成领导者与教师之间以及教师与教师之间的隔阂、矛盾，给学校教育活动带来阻碍。

第二，扬长避短。金无足赤，人无完人。学校领导对教师要用其所长、避其所短，让每一个教师都有施展自己才能的天地，都有获得成功的机会。对教师用其所长，是说不要求全责备，但这并不等于对教师的缺点一味地迁就与容忍。如果教师的缺点影响了学校教育活动的正常开展，影响了同事之间的正常关系，学校领导就要采取适当的方式予以指出，并帮助教师努力克服缺点。

第三，因事配人。学校要根据岗位需要配备人员，不能因人设岗，安排一些冗余人员。因人设岗会造成教师间心理不平衡，从而形成士气低落的局面。

第四，合理组合。如果教师群体没有合理的结构，教师个人的价值就难以充分发挥，教师群体的整体效能也会受到影响。因此，对教师群体进行合理组合，形成有利于教育活动开展的最佳结构，是提高管理与领导效果的重要举措。学校领导在对年级组、教研组教师进行组合时，要考虑教师在知识、能力、性格、年龄以及个性倾向上的异同，使之形成相对合理的群体结构。

（2）教师的检查考核

教师的检查考核是指对教师在教育活动中所反映出来的素质和作出的成绩，进行全面的检查和准确的评定。只有客观、公正地检查考核教师的工作，才能做到优劣清楚、奖罚分明，这是消除教师管理与领导中主观主义和形式主义的根本措施，是激励教师进取的重要保障。

教师考核的内容主要包括政治思想、业务水平、工作态度与工作成绩四个方面，也就是通常所说的"德""能""勤""绩"四字原则和要求。

教师考核可采用经常性考核与定期考核相结合，定性考核与定量考核相结合，领导考核评价与教师相互评价、学生对教师评价相结合等方式进行。

———————————

① 张济正. 学校管理学导论［M］. 修订本. 上海：华东师范大学出版社，1990：143.

（3）教师的培养提高

从发展过程看，教师的成长需要一定的周期，需要经过调整适应、熟悉工作、锻炼提高等过程。因此，小学应参与师范生的培养，并从新教师入职之始，对其进行培养。从教师的作用来看，学校教育活动必须依靠教师来开展，学校的各种计划必须依靠教师来落实。因此，培养教师是提升学校教育质量的有效手段。

长期以来，学校探索出了一套培养教师的措施，包括以老带新、以新促老，开展教学研究活动，组织专题报告会，教师自学，高校指导等。当代教师培养的基本途径，有自主反思和学习，参与研究和校本培训，参加专业发展学校等。

### 2. 学生的管理与领导

学生的管理与领导主要包括教师对学生的管理与领导以及学生的自我管理与领导。教师对学生的管理与领导主要包括教师对班级、少先队和学生会的管理与领导。

（1）教师对班级的管理与领导

班级是学校教育系统结构中最基础的组成要素，是学校贯彻教育方针、全面完成教育任务、实施教育教学工作的基层组织。因此，班级管理与领导工作是学校管理与领导工作的基础，是反映学校管理与领导效果的一个窗口。班级管理与领导的具体内容概括起来主要有组织、目标、制度、舆论、人际关系等方面。

第一，建立健全班级组织。建立健全班级组织包括编组和选择、培养班干部两个方面。一是编组。一个班根据人数情况分成几个小组，这些小组就成为开展班级活动的基本单位。分组应科学、合理，通常组间要具有异质性，组内要有同质性，以便于学生互相帮助、互相督促以及开展竞赛和评比活动。二是选择、培养班干部。教师要选择那些关心集体、能起模范带头作用、在同学中有一定威信并有一定工作能力的学生担任班干部。同时，教师不能只要求班干部完成任务，还要关心并解决好他们开展学生工作方面的困难。

第二，指导班级学生确立奋斗目标。目标是全班师生共同努力的方向，是统一全班认识和行动的纲领，对师生起着极大的鼓舞作用。

第三，制订符合班级实际情况的规章制度。制度一经制订，教师就必须经常检查其执行情况，以树立制度的权威性，保证制度的实施。

第四，形成正确的集体舆论，培养良好的班风。正确的舆论就是班里大部分学生对班上发生的事情能明辨是非、分清好坏。只有班级有了正确的舆论，良好的班风才能逐渐形成。

第五，形成和谐的人际关系。良好的人际关系有利于个体对集体目标的认识和集体成员间的密切配合，有利于增强集体的凝聚力，调动集体成员的积极性，提高集体活动的效率。良好的人际关系既是班级管理与领导的重要目标，又是形成良好班集体的重要手段。

（2）教师对少先队和学生会的管理与领导

少先队和学生会是对学生进行教育的重要途径。少先队和学生会通过组织开展丰富多彩的活动，向学生进行革命传统和爱国主义等思想教育，也为学生提供广阔的活

☞ 教师资格考试《教育教学知识与能力》笔试考点：了解小学班级管理的一般原理；掌握小学班级管理的基本方法；能够针对班级实际和小学生特点，分析班级日常管理中的现象和问题。

动空间。

学校管理与领导者应重视对队、会组织及其活动的教育引导，将活动计划与班级计划和学校的教育计划有机地协调起来，支持和指导队、会开展有意义的活动，并提供一定的物质条件。

（3）学生的自我管理与领导

随着学生自我意识的发展，教师应该有目的、有意识地培养和引导学生进行自我管理与领导。由于学生的自我意识有一个从不完善到完善的发展过程，因此，学生的自我管理与领导，也有一个从低级到高级，从不自觉到自觉的发展过程。

一般教师先向学生提出要求，学校通过各种活动让学生逐步形成正确的观念，养成执行教师和集体要求的习惯，并将这些习惯转化为约束自己行为的规范。行为有了规范，就有了自我管理与领导的目标。学生在达成目标的过程中不断地与他人比较，也和过去的自己比较，并以此调整自己的思想观念、行为方式与习惯，克服自己的缺点，最后达到自己考查自己、自己调节自己、自己战胜自己的境界。

学生自我管理与领导的内容，体现在知、情、意、行等方面：在认知方面，要做到自我观察、自我分析、自我评价；在情感方面，要做到自我体验、自我激励；在意志方面，要做到自我监督、自我控制；在行为方面，要做到自我计划、自我检查、自我总结、自我训练。

## 学习评估

请对自己的学习情况进行评估，如已达到要求，在相应方框内打"√"。

□ 我已理解教学的内涵。
□ 我已理解小学教学设计和教学实施的要求。
□ 我已掌握小学教学设计的基本步骤。
□ 我已理解小学班队活动的主要内容。
□ 我已理解小学管理与领导活动的过程。
□ 我已理解小学管理与领导活动的内容。

第七章试题

## 扩展阅读

请利用课余时间阅读以下文献，并做好读书笔记。

1. 帕尔默. 教育究竟是什么？100位思想家论教育［M］. 任钟印，诸惠芳，译. 北京：北京大学出版社，2008.

该书涉及的思想家多是开创性的人物，他们敢于提出问题，敢于挑战权威、另立新论。书中包括穷人教育学、被压迫者教育学、批判教育学、解放教育、巨型大学、反英才教育、计算机取代学校、非学校化社会、童年的消失等内容，可谓异彩缤纷。这100位思想家从不同视角讨论了教育的真谛，启迪着人们更加深入地理解"教育"这一人类文化的永恒主题。

2. 陈桂生. 学校教育原理［M］. 增订版. 上海：华东师范大学出版社，2012.

该书包括五大部分，分别是"教育的形式结构""'教育'内涵演变的轨迹""课程""德育""师资"。阅读该书有助于教师深刻理解教育领域的关键问题，能够为开展教育活动奠定扎实的理论基础。

3. 曾文婕. 新编课堂教学设计［M］. 北京：北京师范大学出版社，2023.

该书分四大部分：第一部分"导论"，阐明课堂教学设计的意义与含义；第二部分"理念篇"，梳理影响和决定课堂教学设计的系列理念；第三部分"要素篇"，分析课堂教学设计需要落实的多种要素；第四部分"样式篇"，介绍整合课堂教学设计多种要素的主要样式。该书理论与案例相结合，深入浅出地论述了课堂教学设计的关键问题，可以为教师的课堂教学实践提供重要参考。

## 反思·探究·对话

请针对目前一些小学存在的没有目标导向的"为了探究而探究"，盲目套用教学模式、以不当的方法开展探究等现象，提炼出一个研究问题，并在教师的指导下进行研究设计，撰写研究论文。

# 第八章　小学教育环境

## 思维导图

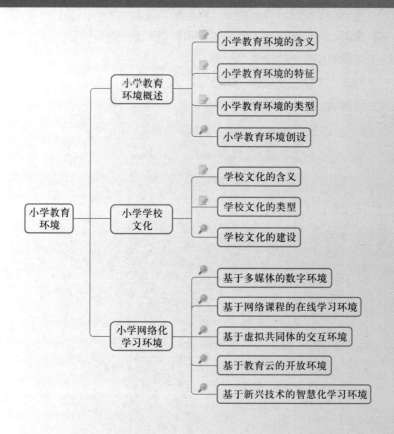

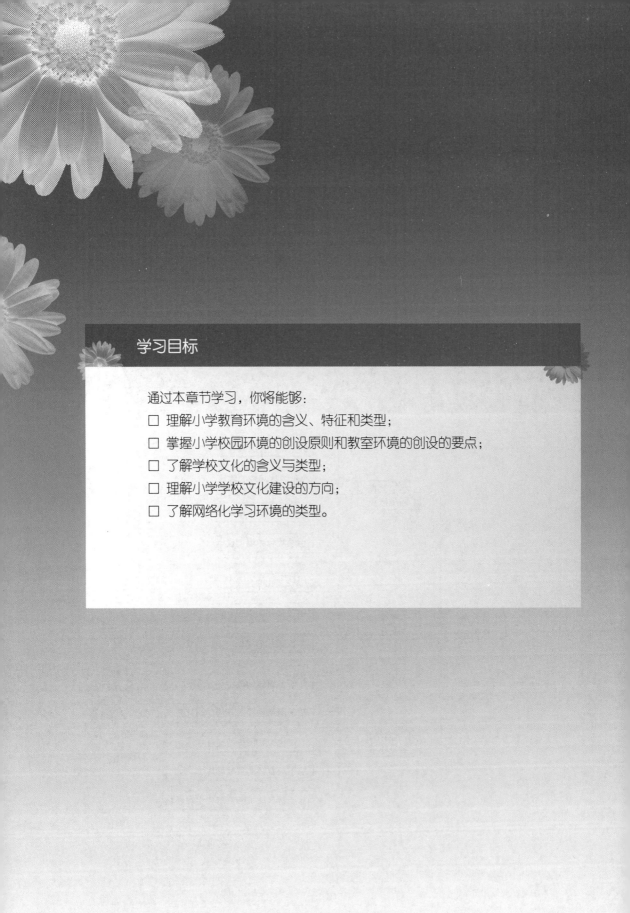

## 学习目标

通过本章节学习，你将能够：

☐ 理解小学教育环境的含义、特征和类型；

☐ 掌握小学校园环境的创设原则和教室环境的创设的要点；

☐ 了解学校文化的含义与类型；

☐ 理解小学学校文化建设的方向；

☐ 了解网络化学习环境的类型。

### 校园环境助力培养君淑少年 ①

走进山东省五莲县的一所校园，清香悠远、品性高洁的莲文化扑面而来。

校园内，根据班级数放置了 18 个莲花盆，每个莲花盆直径有 1 米多宽，里面栽培着不同品种的莲花。教学楼一层大厅以莲花形象为背景，取莲花的内涵，醒目地将"出淤泥而不染""中通外直""香远益清"等词语突显出来。

教学楼每层都围绕莲文化作主题布置，四个楼层的展示主题分别为：识莲知、赏莲魂、品莲德、禅莲意。

在这种精心营造的校园文化环境中，学校把正直、清廉、德馨、高雅的莲文化与君子品格合二为一，通过构建以"君淑教育"为主题的德育课程，培养具有"莲"品格的君淑少年。党的二十大报告指出，我们必须坚定历史自信、文化自信，坚持古为今用、推陈出新。该校通过环境建设传承和弘扬中华优秀传统文化。

小学教育的所有活动都是在一定的环境中进行的。小学教育环境是小学教育系统的要素之一，对儿童的成长与发展有重要影响。当前，学校文化与学习环境已成为人们普遍关注的话题。

## 第一节 小学教育环境概述

本节知识点：小学教育环境的含义；小学教育环境的特征；小学教育环境的类型
本节技能点：小学教育环境的创设

小学教育环境的涵盖面广，具有一些明显的特征，可以划分为多种类型。

### 一、小学教育环境的含义

人类的生存和发展离不开环境。教育环境是指为培育人而有意识地创设的情境，一般包括社会教育环境、家庭教育环境和学校教育环境。② 例如，有关部门建设的图

---

① 赵庭. 精心设计小课程，做好育人大文章：山东省日照市中小学校本德育课程开发纪实［J］. 中国德育，2017（10）：57-62.
② 顾明远. 教育大辞典：简编本［M］. 上海：上海教育出版社，1999：223.

书馆、文化馆；家庭里父母为子女专门布置的书房；学校开展各种科技、文娱和体育活动的场所等。小学教育环境是为培育小学生而有意识地创设的环境。

人的任何活动都不可避免地受到环境的影响。比如，社会环境决定着人的社会化程度，影响着人身心发展的内容、方向和水平。但是，人不是被动地接受环境的影响，人在受环境影响的同时，还可以积极改造环境，以充分发挥环境中的有利因素，克服并消除其中的不利因素，从而创造一个能促进人类自身发展的良好环境。认识到人与环境这种相互作用的关系，主动发挥人对环境的积极作用，是进行教育环境设计和优化的重要前提。

## 二、小学教育环境的特征

教育环境对教师的教与学生的学都有着重要的作用。比如，学生的学习动机、学习方式和学习效率等，都深受教学环境的影响。对教育环境进行深入研究，是优化教学活动、提高教学效率的重要途径。由于学校是专门的教育场所，所以，其教育环境有别于其他环境，具有教育性、可控性、纯粹性、开放性、学习化等特点。

### （一）教育性

教育环境是根据促进学生身心全面发展的特殊需要与国家教育政策方针、学校培养目标而设计和组织的，必须符合教育人的各种规范和要求。这就是教育环境的教育性特点。

### （二）可控性

与其他一些自发形成的环境或自然环境相比，教育环境具有容易调节和控制的特点。人们可以根据教育活动的目的和需要，不断对教育环境进行适当的调节和控制，开发和利用其中有利于人的身心发展的因素，抑制和消除不利于人的身心发展的因素，优化教育环境，保证教育活动的顺利进行。

### （三）纯粹性

学校受国家教育政策方针的规范指导，有训练有素的师资队伍以及比较稳定的课程体系，其他非教育环境因素并不能随意进入教学活动。而且，教育环境因素在某种程度上经过了一定的选择、净化和加工等过程，因此，相对于其他环境，教育环境比较纯粹。

### （四）开放性

教育环境具有教育性、可控性和纯粹性的特点，这并不是说教育环境是一个不与外界发生联系的封闭系统。学校毕竟是社会的一个组成部分，其教育环境随时都受到社会的各种制约和影响，同时它也对社会发展有着不可忽视的作用。从这种意义上说，教育环境是一个特殊的开放系统。

### （五）学习化

以人为本的思想和追求促使教育环境向着学习化的方向发展。纵览当今世界，学习的价值日益凸显，人们正在努力建设学习化社会，包括建设学习化社区、学习化组织、学习化家庭、学习化学校、学习化课程等。这一切为学习化的教育环境发展提出了客观要求，提供了可能条件。人们深切感受到，当代教育环境发展的立足点和出发点是适应人的学习本性，满足人的学习需要和优化人的学习活动。

教育环境要重"学"，即重视从学生的学习立场来创设。因此，学习化是教育环境研究的新方向，体现了"学习为本"价值观，突出和倡导以学生的学习环境创设为核心，辅之以教师的教学环境优化，从而构建和发展新时代的教育环境。

## 三、小学教育环境的类型

在教育领域，人们的研究视角不同，对环境的分类也不同。这里从存在形态和空间要素两个不同角度简要介绍教育环境的类型。

### （一）以存在形态为标准分类

以存在形态划分，教育环境可以分为物质环境、社会心理环境两类（图 8.1）。

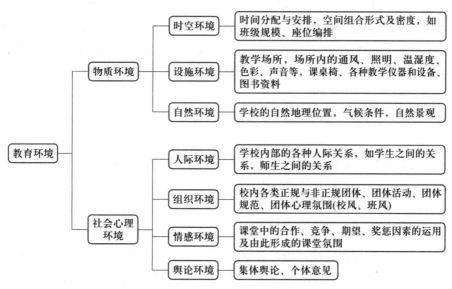

图 8.1　以存在形态划分的教育环境结构图

### （二）以空间要素为标准分类

从空间上看，小学教育环境是一种特殊的实体性存在，包括校园环境、家庭环境和社区环境。

### 1. 校园环境

校园环境是非常重要的教育环境，既包括教职工群体、学生群体及其层次结构，又包括教学楼、图书馆、行政楼、食堂、教职工公寓楼、学生公寓楼、体育场馆、道路、池塘、草地、林木、人文景观等的设计、装饰及其结构。

教室环境是校园环境中的核心。教室环境包括教室大小和形状、墙壁门窗结构、教师讲台与学生课桌椅的结构形式、教室的空间功能及其物品设备的摆放、墙面的装饰、教学媒体设备、照明和暖气或消暑用品的设计和结构等。实验室是专门用于实验教学的教室，其中还包括实验仪器设备的空间安排等。体育教学的场地主要在户外，其特点是具有开放性、空间大。

### 2. 家庭环境

家庭环境不仅是小学生学习、生活的重要场所，也是其学习、生活的重要资源，涉及学生的家庭成员，房屋的设计、装饰及其结构，家庭的经济状况、家庭成员的结构及其职业等。

### 3. 社区环境

社区环境是学校教学和学生学习的重要资源，涉及社区人员的类型及其结构，社区建筑设计、装饰及其结构，以及社区周围的公园、图书馆、美术馆、音乐厅、电影院等，还包括社区所在地的地形地貌、江河湖泊、山峦田地等。

校园环境的开发主体是学校管理者及师生，学校管理者和师生可以发挥聪明才智，对校园环境进行设计、改造和创新，使其更好地促进学生的成长与发展。家庭环境和社区环境的开发主体是家长和社区人员。一方面，家长与社区人员应积极主动地对家庭和社区环境进行教育化和学习化设计、改造和创新；另一方面，学校及其师生也可以通过价值选择过滤这两类环境因素及其影响，并积极主动地影响家长和社区成员特别是社区代表，参与家庭环境和社区环境的教育化和学习化设计、改造与创新。

## 四、小学教育环境创设

教育环境直接影响教育效果。下面着重介绍校园环境创设的原则与教室环境创设的要点。

### （一）校园环境创设的原则

创设有特色的校园环境，进而有效发挥环境的育人功能，是小学学校文化建设中的一项重要工作。校园环境创设是一项系统工程，需要遵循五个原则。[①]

### 1. 体现自然和谐性

体现自然和谐性，要求校园环境设计者将自然界所具有的优美特征反映在校园环境中，使之有利于学生的培养。比如，种植梅、兰、竹、菊等具有象征意义的植物，

---

① 林刚. 中小学校园环境的教育寓意性设计探究 [J]. 教育研究，2013, 34 (3): 41-46.

并考虑同劳动教育、科学教育、德育等结合，组织学生观察植物生长、撰写植物生长记录日志，引导学生体悟这些植物所代表的高洁品质。

### 2. 体现童趣与身心协调

体现童趣与身心协调，要求校园环境设计者考虑小学生的身心发展特征，创设直观形象、富有创意的校园环境，提供交互性较强的设备设施，促进小学生审美素养、想象力的发展并使其感到愉悦。比如，小学可以创设彩色滑梯、长笛座椅、柏树迷宫和陶艺花园等生动有趣的区域，满足学生与环境互动的需要。

### 3. 体现历史与文化认知

体现历史与文化认知，要求校园环境设计者有意识地运用历史文化元素或符号，引导学生关注和热爱中华优秀传统文化。比如，某小学在设计"篆刻文化"校本课程的过程中，借助校园环境来营造浓厚的篆刻文化氛围，建成了"三室一廊"。"三室"即篆刻工作室、篆刻活动室和篆刻陈列室；"一廊"即篆刻长廊，其中布置有齐白石、王羲之等书画大家的雕像和作品，学生借此能感受大师的高尚品格以及他们身上所体现的民族文化精神。[①]

### 4. 体现学校特色

体现学校特色，要求校园环境设计者借助各种载体充分记录与展现学校的历史特色，使学生体会到学校发展过程中所坚持、传承的精神与价值观。比如，学校可借助校园浮雕墙或校史馆等，展示杰出校友获得的成就，彰显他们所具有的与学校育人理念、办学宗旨密切相关的优秀品质。

### 5. 体现社区或乡村文化

体现社区或乡村文化，要求校园环境设计者借助校园内各种设施与景观，让学生从校园环境中体验到自己生活的社会环境所具有的文化亲切感，从而促进学生健康、独立人格的发展。比如，杭州市留下小学坐落于西湖区，该校依托地理优势着力营造西溪地域校本特色，以笋娃娃作为校园标识形象，建造西溪火柿节的形象墙。

### （二）教室环境创设的要点

下面我们从物质环境和心理环境两个方面阐述教室环境创设的要点。

#### 1. 物质环境

物质环境会对学生学习过程中的情感状态起作用，进而影响其学习效果。影响学生学习过程中情感状态的物质环境因素，主要有颜色、声音、温度、装饰、桌椅舒适度和班额。

（1）颜色。颜色会影响学生的视觉感受和智力活动。一般来说，浅绿色和浅蓝色会使人产生安静与和谐的感受，易于消除大脑疲劳；而红色与橙色则容易过度刺激大脑，让学生产生不安宁的感觉。另外，教室的色彩可以相对丰富一些，如在墙上配挂

---

① 谢卫东. 篆刻文化：校本课程的开发与实施［M］. 上海：华东师范大学出版社，2010：150−156.

艺术画和在书架上粘贴风景照等，都可以增强视觉效果。当然，这些都要根据教室的整体氛围来设计，避免零散纷乱。

（2）声音。声音对学习效果影响很大。噪声是一种让人产生不安或不适应的听觉刺激，会严重干扰学习活动的正常进行，影响学习效果。在有噪声的环境中学习的学生，容易感到疲惫，注意力容易分散，严重的还会产生易怒等情绪波动。因此，学校应该选择远离喧嚣的区域，尽可能安装隔音设备，减少噪声干扰。另外，在课间休息时，为学生提供音量适中与悦耳舒缓的背景音乐，能使学生紧张与疲劳的神经得到放松，让他们产生愉快的学习情绪。

（3）温度。适宜的温度是良好学习环境的重要保障，有利于提高学生的学习效率。一般情况下，温度 20 ℃~25 ℃，对学生的学习最有利。高温、低温都会使学生感到不舒适，在一些极端的情况下，学生可能会昏昏欲睡，甚至产生负面情绪。因此，学校要根据实际情况，使教室温度保持在适度水平。

（4）装饰。教室装饰要注意与学生日常学习密切结合，符合学生的学习心理，比如，在教室里适当装饰名言警句挂图、世界地图与小型盆栽等。但是装饰不能太花哨，以免分散学生的学习注意力。

（5）桌椅舒适度。桌椅舒适度对学生的学习非常重要。小学生的桌椅应当符合《学校课桌椅功能尺寸及技术要求》中的规定。

（6）班额。班额指一个班级学生人数的多少。学生人数少，教师对学生的平均关注度就会增加，师生互动也会增加，学生的学习积极性会相应地提高。尤其是在低年级，小班化教学可能更有利于学生学习、成长。

2. 心理环境

学生对教室空间和课堂情境的感受直接影响其学习过程及结果。教师要尽可能地建构更好的"人—境相适"关系，让教室环境与课程、教学之间具有更加充分的适切性，以便获得学生心理上的认同，优化学生的心理体验，增强学生的学习满意度。为此，教师需要了解学生学习心理和教师学习心理，既包括与学习心理有关的师生个体心理和群体心理，还包括基于师生个体心理和群体心理而形成的学风、教风和校风等。

在座位安排方面，一些学生希望尽可能地靠近教师，确保能与教师进行语言及非语言的交流。而有些学生则更愿意与自己的学习伙伴坐在一起。所以，教师要根据学生需要，尽可能让学生坐在最合适的地方，从而保证学生最大限度地参与教学活动。比较理想的方法是，针对教学目标和任务，师生一起商议怎样安排座位。

近年来，一些小学教师在教育环境的空间利用方面作出了有益的探索。比如，有的语文教师会根据教学内容布置符合主题的教室环境——教学《海底世界》一课时，布置出具有海洋元素的学习环境。这样就将教育内容融入环境之中，学生一旦置身这样的环境，就自然生发出特定的学习兴趣和意向。再如，在一些小学，教师可根据不同的课程目标、教学内容、教室空间和墙面大小，设计不同形式的词语墙，以此提高学生的学习兴趣，拉近学生与学习内容的心理距离。比如，英语教师可以将 26

个字母按顺序布置在墙面上，各字母用不同颜色表示，字母间留有空间，方便学生书写；在某一节课后，教师组织学生将所学词语按首字母顺序书写在墙上的字母表中。闲暇之余，学生会从墙面上看到自己或他人写下的词语，在有意无意间和词语"亲密接触"，词语对学生有了"正强化"作用，学生能更加轻松、愉快地掌握学习内容。①

> **学习活动**　上网搜集，或者到附近小学拍摄有关校园环境的照片，结合本节内容分析该校环境有何优点与不足。

## 第二节　小学学校文化

本节知识点：学校文化的含义；学校文化的类型
本节技能点：学校文化的建设

学校文化通过物质的、制度的和精神的等各种形式对学校成员的思想、行为等产生影响。近年来，学校文化越发受到重视。

### 一、学校文化的含义

通常而言，学校文化是学校全体成员在教书育人长期实践中所积淀的物质和精神财富的总和，其核心是所凝聚的共同遵循的行为准则以及在其指导下学校全体成员所表现的行为方式、心理取向和道德风貌。②更具体地来看，学校文化是学校全体成员在教育教学和管理实践中逐渐积累和共同创造生成的价值观念、思维模式、行为方式及活动结果。具有特色的物质环境、学校制度和学校精神为其表现形式，它们共同影响和制约学校全体成员的思想与行为。学校文化既具有一般性，即文化固有的特征，又具有特殊性。一般性表现为由人类创造、为一个群体所共享且可以代代相传等。特殊性表现为具有集中性，集中于某个年龄段；具有自觉性，是有目的、有意识地进行建设的实践活动；具有有效性，有专人引领和经费支持，有助于

---

① 马天明. 小学英语词汇意义自主建构的教学探究［J］. 教学与管理，2020（2）：39-41.
② 金培雄. 浅析学校文化的内涵及其建设策略［J］. 江苏教育研究，2010（14）：46-49.

整体提升国民素质。[①]

## 二、学校文化的类型

从形态上划分，学校文化主要有物质文化、制度文化和精神文化三种类型。

### （一）物质文化

物质文化是学校里看得见、摸得着的物化文化形态，属于外显层。它既是学校文化的外壳和物质基础，又是学校文化内核的载体，主要包括学校的地理环境、规划和布局、校园建筑、校园人文景观和传播设施等。

学校地理环境，包括校园地理位置和校园周边环境。学校要系统地规划和布局，校园里的教学区、生活区、活动区等区域，划分要尽可能合理。校园建筑既要有满足教学、教研和生活需要的实用功能，也要有给予人审美享受的审美功能。校园人文景观是在校园中赋予了人文寓意的环境和设施，体现着学校的教育目的和意图，熏陶着学生的精神世界。比如，校园雕塑、小型园林、长廊，甚至植物盆栽等都可以成为校园人文景观。校园传播设施，包括电视、广播、报纸、杂志和互联网等传播媒介，以及图书馆、报告厅、文化广场等活动场所，承载着多种有教育意义的信息，对师生的思想观念、行为方式等产生着影响。

### （二）制度文化

学校制度文化又称学校组织文化，是指学校制定的各种规章制度、组织架构，以及学校成员对这些制度的认识和执行情况等。学校制度文化属于中间层，是学校文化的保障体系。

学校制度文化所包含的各种形式的制度，既是国家有关法律、法规、政策以及各级教育部门颁布的一系列政策、法规的具体化，也是学校特有的教育精神、价值观念等精神文化的制度化表现。因此，学校制度不仅要约束师生的行为，而且还要通过师生对各种规章制度、行为礼仪和管理条例等的认可和执行，使学校成员形成比较统一的思想观念和行为规范。因此，学校制度文化建设是学校文化发展的重要保障。创建制度文化首先需要完备的制度，其次在执行制度要求时要灵活，最后要加强有关人员的制度意识。

### （三）精神文化

学校精神文化又叫学校心理文化，包括学校成员特别是师生所认可的行为方式、价值观念、道德观念和心理氛围等。学校精神文化，体现在学校的价值观念、人际关系、风气、传统，以及学校成员的思想道德、思维方式、审美情趣等方面。它是学校

---

[①] 王定华. 试论新形势下学校文化建设［J］. 教育研究，2012，33（1）：4-8.

文化的内核，是一所学校的灵魂，彰显着学校的价值观和个性，深层次地决定着学校的特性。它是学校文化的内隐层，渗透在各种物质文化和制度文化层面中，对师生具有强大的潜在教育影响力。

当前，学校需要加强物质文化建设，发挥环境文化的熏陶作用；加强制度文化建设，重视制度文化的引导作用；加强精神文化培育，突出精神文化的主导作用。

## 三、学校文化的建设

学校文化建设是一项系统工程，呈现出特色化、高品位、涵养文化精神、促进德育、充分利用信息技术等发展走向。

案例：古香古色的校园环境

### （一）特色化

学校文化建设不是孤立行为，总是与学校的发展目标相一致。随着特色学校建设的兴起，学校文化建设与特色学校建设相融合，形成了学校文化特色化的趋势。例如，位于美丽的易水河畔，西临建于唐代的老子道德经幢的河北省易县第一小学发挥地域优势，传承老子《道德经》文化，结合学校愿景提出"若水"学校文化概念。学校充盈着浓郁的"若水"气息：楼前草地上立着一本打开的石书，上面镌刻着校训"上善若水"；正对校门的影壁上硕大的"学会学习　学会做人"的"若水"培养目标赫然入目；上善楼上镌刻着"正、善、容、韧、韵、清、灵"七个大字；每个班的教室门口都有各班独特的与"若水"文化有关的班级名称……师生置身校园，就会被浓郁独特的"若水"文化氛围所感染、所影响。[①]

微课：学校文化的建设

### （二）高品位

学校文化建设正在孕育"文化校园"理想。在当今经济与社会快速发展过程中，功利主义与物质主义侵入校园，在一定程度上腐蚀着广大师生。针对这一严峻挑战，人们提出并践行着高品位校园文化的宗旨。例如，湖北省大冶师范附属小学努力营造"让每一株草木含情，让每一个角落传神，让每一堵墙壁说话"的学校文化氛围，着力提高学校文化建设品位。学校通过改善校园的自然环境与人文环境，营造文明向上的氛围。在此氛围影响下，学生良好的行为习惯逐步养成，好学上进、文明礼貌蔚然成风。[②]

### （三）涵养文化精神

建设高品位的学校文化，关键是涵养学校文化精神，如追求卓越的拼搏精神、实

① 邢成君. 校园文化建设如何从理念到实践：河北省易县第一小学"若水"文化探索 [J]. 人民教育，2019（6）：60-62.
② 钟冬青. 芝兰得气一庭秀　桃李成荫满园春：大冶师范附属小学着力打造校园文化特色 [J]. 学校党建与思想教育，2012（2）：80-81.

事求是的科学精神、不畏权威的求实精神和与人为善的团队合作精神等。中关村第三小学通过优化学校空间涵养学生的合作共享精神。具体而言,学校汲取中国传统民居瑰宝——福建土楼的建筑精髓,结合新校址地理条件,打造"C"型校园布局,使学生感觉被建筑"环抱"着,产生一种整体感和庇护感,同时又将学生引入更广阔的社区,与整个城市相连。教室空间转变成家庭式的"三室一厅"的生活学习基地,三个房间中分别"住"着来自不同年级的三个班的同学,班级之间的墙壁都是可移动的隔断板,根据课程内容的需要,可以随时打开不同的隔断板,自由组合,开展合作学习。①

### (四)促进德育

学校文化会对学生的思想品德产生多方面和多层次的影响。良好的德育能促进学校文化的健康发展,健康的学校文化建设又能引导和保证德育目标的实现。例如,某教育集团围绕"激活汉字的德育功能,培育师生的文化自信"这一核心理念,探索"汉字德育"的有效载体和实施路径。该教育集团坚持开展"班班有字"的活动,各个班级依据学生年龄和班级特点,对与"德"相关的汉字进行研究。如四年级的一个班级以"善"作为班级文化,注重发现学生的善言、善行。教师化身"善"意收藏家,坚持开展"谁走进老师的日记"活动,发现并记录每个孩子的闪光点。在日记流动过程中,不仅全班学生参与,而且家长也参与其中,广传善意,广施爱心,使得"善"的种子在学生心中慢慢生根、发芽,茁壮成长。②

### (五)充分利用信息技术

从某种程度上看,信息技术的飞速发展促进了教育方式的改变,拓宽了人际交往渠道,带来了学生生活方式的改变,拓展了学校工作载体,提供了校园文化建设的新方法和新手段,丰富了校园文化内容,繁荣了校园文化生活。

比如,智慧课堂就是在信息技术与课堂教学深度结合之下产生的课堂教学新形态。智慧课堂围绕情境、会话、协作、意义构建这四大要素构建理想的学习环境,综合利用各种智能设备创设较为完备的学习环境,通过动态分析各种学习数据,增进师生之间的交流,帮助学生之间开展探究式学习,从而使学生完成知识建构。③利用信息技术来构建智慧课堂乃至智慧校园,是当前校园文化建设的一个新趋势。

---

① 刘可钦. 当建筑与课程融合:一所"3.0学校"的探路性设计 [J]. 中小学管理,2016(9):35-38.

② 张德芝. "以字育德":新时期特区学校德育的校本创新 [J]. 中小学管理,2022(3):48-50.

③ 唐雯谦,覃成海,向艳,等. 智慧教育与个性化学习理论与实践研究 [J]. 中国电化教育,2021(5):124-137.

## 案例分析

### "水育文化"显精神

○ 案例①

武汉硚口区水厂路小学因地制宜提出"水育文化"的办学理念，即以"水文化"为载体，引导师生"像水一样做人，像水一样做事"。

水厂路小学借助物质文化载体，营造出浓厚的"水育文化"氛围。校园内以"水韵"为主题，确立了校园建筑风格的主体框架。校园以七彩河流和卡通人物"水宝宝"为学校文化建设的主要图案，七彩河流的水幕墙上印有苍劲有力的"上善若水"四个大字，彰显"水育文化"的精髓，学生胸前的"水宝宝"校徽使学生沐浴在"水育"特色之中。此外，学校还创建大量与"节约用水"相关的活动，其中获得"水宝宝"称号的班级才能优先享有活动的策划权和主动权，以此激励各位学生坚持节约用水的好习惯，促进文明班风的形成。这些举措使浓厚的水育文化氛围渗透到校园每一个角落，浸润每位师生的心田。在这种学校文化的熏陶、渲染下，学校教育教学事业稳定地进步、发展。

○ 分析

学校文化会对学生成长产生重要影响，基于学校文化创设的活动为培育学生的精神世界提供了丰富的载体。设计校园环境、营造校园文化氛围需因地制宜，学校依据自身的办学特色和优势，将现有的物质载体与丰富的精神文明相联系，组织良好的学校活动，彰显学校精神。

# 第三节　小学网络化学习环境

本节知识点：网络化学习环境的类型

本节技能点：网络化学习环境的开发

信息技术的飞速发展孕育出各种网络化学习环境，这为小学学习环境的创新性建构开辟了新方向。从信息技术支持的角度看，网络化学习环境主要可分为基于多媒体的数字环境、基于网络课程的在线学习环境、基于虚拟共同体的交互环境、基于教育

*《中小学和幼儿园教师资格考试标准（试行）》：能运用现代教育技术进行教学。*

① 陈顺涛. 寻精神生命之源　奠终身发展之基：武汉市硚口区水厂路小学"水育文化"特色探索［J］. 学校党建与思想教育，2011（21）：4-7.

云的开放环境和基于新兴技术的智慧化学习环境。

## 一、基于多媒体的数字环境

多媒体具有图文声像并茂的强大优势，能在学习活动中为学生呈现多样化的刺激，有利于提高学生的学习效率。当前，多媒体已走向网络化，网络多媒体的产生和发展为学习环境的设计与创建提供了强大的技术支持。网络多媒体教室是由网络、多媒体和教室融合而成的，主要由专门设计制作的活动式讲台和讲桌、学习角、生活角、工作台、展示角、文件服务器、计算机网络系统、多媒体投影仪、交互式电子白板、高清晰观察与录播系统等构成。网络上和计算机屏幕上的多媒体内容，可以通过投影仪在大屏幕上向全班展示。师生在大屏幕上既可以直接取用网络上和计算机中的各种多媒体教育资源，又可以即时设计与制作多媒体教学作品，利用这些资源和作品，开展互动式教学活动。

## 二、基于网络课程的在线学习环境

网络课程也称在线课程，是通过网络表现的某门科目的学习内容及相应学习活动的总和，主要有两个组成部分：一是按一定的学习目标、学习策略组织起来的学习内容，二是网络学习支撑环境。它具备课程的特征，兼具网络的属性，课程内容的呈现、学习活动的开展等都基于计算机、多媒体和网络通信技术的支持。在小学教育领域，较为典型的基于网络课程的在线学习环境，是依托 Moodle（modular object-oriented dynamic learning environment，模块化面向对象的动态学习环境）创建的在线课程。它可以实现课程资源管理、班级/小组管理、学习记录跟踪、在线测试评价、交流互动分享等功能。学习者可以自定步调在线学习某门课程，但在学习过程中，学习者之间较难发生实时交互。

## 三、基于虚拟共同体的交互环境

当前，学习环境打破了时空障碍，使学习者在网络环境中形成了虚拟学习共同体（virtual learning community，又称虚拟学习社群或虚拟学习社区）。它主要指一些具有共同兴趣的学习者，基于虚拟的网络平台而构成的学习共同体。共同体成员在学习过程中沟通交流，分享各种学习资源，为达到一定的目标而协作。

## 四、基于教育云的开放环境

随着教育云服务的推进，学习环境发生了前所未有的变革。教育云深度集成、整合各类资源、应用，内容极其丰富，不仅能支持某一门课程的学习，而且能满足学生个性化学习的需要。在享用教育云服务的过程中，学生可以随时、随地、随需地获取教育资源，获得教育服务。

## 五、基于新兴技术的智慧化学习环境

科学技术的迅速发展为学习环境的优化提供了诸多机会。近年来，基于新兴技术的智慧化学习环境主要可以归为三类。

### （一）基于虚拟现实技术和增强现实技术的智慧化学习环境

虚拟现实技术综合了人工智能技术和人机接口技术等，旨在为使用者带来真实的视觉、触觉、听觉和嗅觉体验。[①] 该技术较普遍地应用于创造学习情境，具体包括创造仿真情境和假设情境。仿真情境支持学生进行反复练习和开展有一定危险性的实验等，假设情境则支持学生在虚拟场景中检验自己的假设，从而修正原有认识和提出新观点。与虚拟现实技术提供纯仿真或假设的虚拟环境不同，增强现实技术支持将虚拟图形叠加在真实世界对象上，为学生创设虚实融合情境。例如，增强现实技术可以应用于英语教学，不论学生在室内还是室外都能为其创造学习情境，将虚拟的语言学习内容，如动画、视频和音频等叠加在实体环境中，引导学生完成相关听说读写任务。

### （二）基于智能导学系统的智慧化学习环境

依托人工智能技术研发出的智能导学系统能以学生喜闻乐见的方式促进交流互动，辅助学生自主学习，优化学习环境。智能导学系统主要由知识库、学生模型、教学策略和推理模块等多部分组成。[②] 这类系统能引导学生制订恰当的学习计划，根据学生学习水平推荐合适的课程资源，甚至实现"一人一张课程表"，并在学生不同学习阶段提供个性化"脚手架"支持，还能与学生进行交互或促进学生之间发生交互。在英语学习领域，智能导学系统可以成为个人的学习伴侣，使用标准的发音与学生进行交流，营造适合学生的英语学习环境。

### （三）基于人工智能教师的智慧化学习环境

当前，人工智能教师（简称"AI教师"）逐渐进入人们视野，它们走进真实的小学课堂与真人教师协作开展教学，营造极具科技感的新型学习环境。AI教师外观可爱、身躯小巧，学生愿意与之进行更为频繁的语言交流和肢体接触。AI教师集文字、视频和音频等于一体，能集成和整合多种教学资源，创设生动逼真的教学情境，促进

---

① 刘德建，刘晓琳，张琰，等. 虚拟现实技术教育应用的潜力、进展与挑战 [J]. 开放教育研究，2016，22（4）：25-31.
② 屈静，刘凯，胡祥恩，等. 对话式智能导学系统研究现状及趋势 [J]. 开放教育研究，2020，26（4）：112-120.

学生多感官参与学习。而且，AI 教师能根据教学需要自由移动，调整自己在教室中的位置，还能摆动各个关节做具体动作，通过 LED 表情点阵反映情感变化。学生在课堂上注意力不集中和学习热情不高等问题能够在一定程度上得到解决。AI 教师基于专家系统存储学科知识，能够快速、准确地回答学生提出的知识性问题。其使用的教学语言经过多方、多次严格审查，具有高度规范性，能够有效减少科学性错误。随着技术的不断发展，未来的 AI 教师在进行精细动作技能教学时，每次动作示范可以保持高度一致性和规范性，保持恰当的演示速度，便于学生观察和模仿，还能不限次数地重复演示，与真人教师协作优化学习环境。

## 学习评估

第八章试题

请对自己的学习情况进行评估，如已达到要求，在相应方框内打"√"。

☐ 我已理解小学教育环境的含义、特征和类型。

☐ 我已掌握校园环境创设的原则和教室环境创设的要点。

☐ 我已了解学校文化的类型以及建设方向。

☐ 我已了解网络化学习环境的类型。

## 扩展阅读

请利用课余时间阅读以下文献，并做好读书笔记。

1. 奈尔，多克托里，埃尔莫尔. 重新设计学习和教学空间［M］. 林文静，译. 北京：中国青年出版社，2020.

该书强调解构、重塑和提升现有学校的学习环境是激发学生学习自我驱动力的关键，主要包括"空间为学生成功而建设""如何理解学习和设计之间的关系""重新定义学校设计的 8 项原则""什么是灵活的学习环境""灵活的学习环境如何与个性化学习相关""灵活的学习环境如何增强教师的工作效率"等内容。该书能够开阔学校教育工作者的视野，促进其进一步思考学习和教学空间的设计与安排。

2. 乔纳森，兰德. 学习环境的理论基础：第 2 版［M］. 徐世猛，李洁，周小勇，译. 上海：华东师范大学出版社，2015.

当前，以学生为中心的学习环境概念越发成熟，学术界已对学习的建构主义等观点进行了详尽的阐述，该书第 2 版在第 1 版的基础上，展现了包括元认知、基于模型的推理、概念转变、辩论、具身认知和实践共同体的新视野，为教师创设以学生为中心的学习环境提供了理论支撑。

3. 刘邦奇，聂小林. 走向智能时代的因材施教［M］. 北京：北京师范大学出版社，2021.

该书基于技术与教育融合的视角，结合我国教育信息化发展实际，从政策与理论、技术与教学模式、应用案例与产品案例三个维度，探讨智能时代因材施教的发展背景、理论基础、相关技术、教学模式、应用案例、相关产品及行业趋势等方面的内容，对教师在智能时代背景下开展教育教学活动具有一定的参考价值。全书共七章，分别为："智能时代因材施教发展的背景和意义""因材施教的相关政策要求""因材施教的理论发展""助力因材施教的智能技术""基于智能技术的因材施教教学模式""智慧课堂环境下因材施教实践案例""因材施教相关产品及行业趋势"。

## 反思·探究·对话

请调查一所小学的校园文化建设状况，分析其优势与不足，并针对其不足尝试提出对策，形成解决方案，在全班展示交流。

# 第九章 小学教育评价

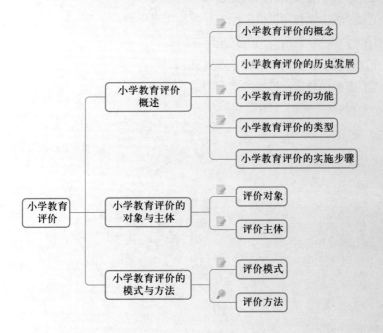

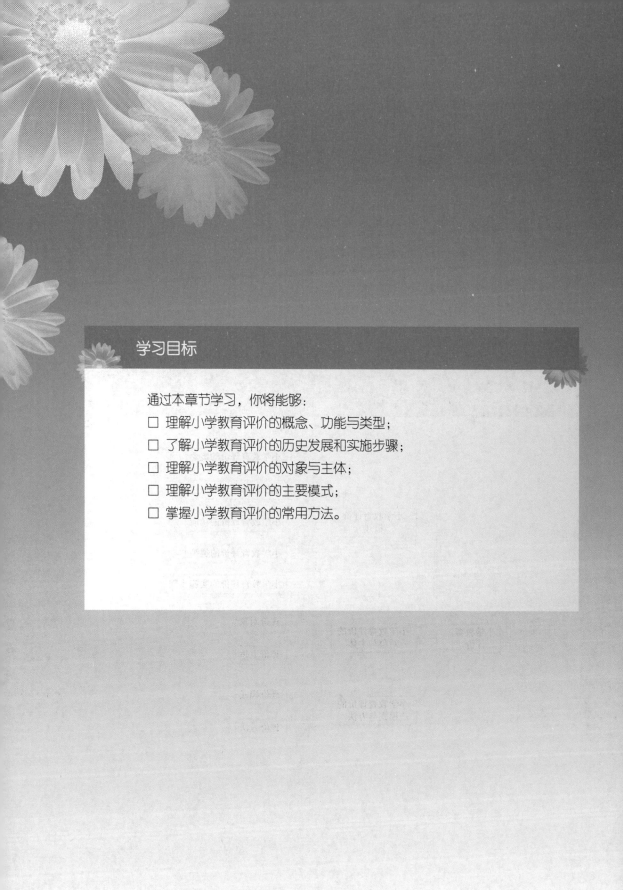

## 学习目标

通过本章节学习，你将能够：

☐ 理解小学教育评价的概念、功能与类型；

☐ 了解小学教育评价的历史发展和实施步骤；

☐ 理解小学教育评价的对象与主体；

☐ 理解小学教育评价的主要模式；

☐ 掌握小学教育评价的常用方法。

## 小学写真

### 小学无纸笔评价的探索 ①

2021 年"双减"政策出台后，某校开始探索在一、二年级全学科开展无纸笔评价，并提出挑战性、情境性和全面性这三个实施原则。

在语文学科中，评价项目包括字词游乐园、句式大冲浪、小小朗读者、经典咏流传、口语达人秀、快乐读书吧等，涵盖对字词句篇的积累和灵活运用，力求让学生在真实情境中运用语言文字解决真实问题，提升综合素养。

数学学科的评价项目包括智慧游乐园、数学小老师和数学实验家等。其中智慧游乐园主要评价学生对概念的理解、辨析，并通过两人对战、趣味配对等游戏形式，现场考查学生对概念的掌握程度；数学小老师要求学生现场解决校园中的数学问题，并清晰说出解决思路，根据评价目标又分为现场讲题、情境编题、分析说理；数学实验家要求学生现场抽题，完成数学实验操作并进行解释。

艺术、体育与健康、科学等学科则分别设置小小演奏家、小小艺术家、运动小达人、科创小达人评价项目。

评价改革是解决教育教学中深层矛盾的必由之路。习近平总书记在全国教育大会发表重要讲话时指出，要深化教育体制改革，健全立德树人落实机制，扭转不科学的教育评价导向，坚决克服唯分数、唯升学、唯文凭、唯论文、唯帽子的顽瘴痼疾，从根本上解决教育评价指挥棒问题。小学教师尤其需要关注如何通过评价创新来优化教学和促进学生学习。

## 第一节 小学教育评价概述

本节知识点：小学教育评价的含义；小学教育评价的功能；小学教育评价的类型；小学教育评价的发展趋势

经过长期发展，小学教育评价已经有较为清晰的含义、功能和分类，形成较为明确的实施步骤。

---

① 柳小梅. 为学生发展而评价：小学无纸笔测评的校本实践［J］. 中小学管理，2023（5）：50-52.

## 一、小学教育评价的概念

教育评价是一个专门术语，有自己特定的含义。分析教育评价的含义，有利于理解小学教育评价的含义。

### （一）教育评价的含义

评价实质上是一种基于事实的价值评判活动。《现代汉语词典》（第7版）对"评价"的解释是"评定价值高低"。英语中 evaluation（评价）一词，其词根为 valu，它的根本含义就是"价值"；该词的前缀为 e，意为使"某事物的特性"得以"显现""引出""发展""开发"等。因而，evaluation 一词意指定向于事物的"显现价值""引出价值""升华价值""开发价值"等过程及其结果，它指称和概括的也是"基于事实的价值评判活动"。"教育评价"这一术语是 20 世纪三四十年代泰勒（Tyler，R. W.）在美国"八年研究"中提出来的。泰勒认为教育评价实际上是一种评定教育目标在课程和教学方案中究竟达成多少的过程。

随着教育的发展和研究的深入，人们对教育评价的内涵阐释在不断变化、趋于完善。其中，大家公认的有四个方面的内涵：（1）评价是一种系统地搜集资料的过程，系统性是其重要特点；（2）评价注重对资料的解释，评价者不仅要搜集资料，还要对资料进行解释与分析；（3）评价不仅是对教育情境的描述，更是一种价值的判断；（4）评价以行为为目标，从行为的角度进行判断、分析与比较，以利于决策，便于采取更优的教育政策和改进教育实践。对此，可以用一个公式简明地表达：

教育评价＝教育测量（量的记述）或非测量（质的记述）＋教育价值判断

这表明，教育评价是以教育事实把握为基础的教育价值判断过程，既对教育客体的事实加以描述，又从教育主体的目的或需要出发对教育客体的价值进行判断，是两者的统一。

### （二）小学教育评价的含义

小学教育评价是指采取一切可行的技术和方法系统搜集各种有关的事实信息，在此基础上根据一定标准对小学教育各个领域或各种活动及其结果进行价值判断的过程。小学教育评价的核心是课程与教学评价。课程与教学评价是一种根据一定标准，依据系统搜集的有关事实信息对课程与教学系统的整体或局部进行价值判断的活动。

课程评价有广义和狭义之分。广义的课程评价包含教学评价。课程评价对象可包括课程需要、课程设计、课程与教学过程、教材、学生学习成果、教学有效性、学习环境、课程政策、资料分配等。简而言之，课程评价包括对课程设计、教学过程、教师教学表现以及学生学习表现的评价。狭义的课程评价，主要指对课程设计的评价。

教学评价是针对教师的教与学生的学相统一的教学活动搜集事实信息并进行价值判断的过程。教学评价一般包括对教学过程中教师、学生、教学内容、教学方法与手段、教学环境、教学管理等要素的全面评价，但主要是对学生学习状况和教师教学质量的评价。

## 二、小学教育评价的历史发展

我国教育评价产生于西周时期，一般通过口试、笔试或观察来进行。20 世纪初以来的现代课程与教学评价，在评价改革的基础上，在教育科学化运动助推下，吸收了心理学、统计学等学科的原理和方法，大体来看教育评价经历了四个发展阶段。

第一阶段：测量阶段（约 20 世纪初至 30 年代）。心理测量和科学实验等的流行推动着教育测量的发展。为了避免试题编制的片面性与主观性，这个阶段主要采用智力量表、态度量表等工具进行测量，测量理论和测验技术在课程与教学评价中得到广泛应用。这一阶段的显著特点就是，评价即测量，评价工作主要就是选择测量工具、组织测量和提供测量数据。

第二阶段：描述阶段（约 20 世纪 30 至 40 年代）。[①] 以泰勒负责的美国"八年研究"为代表，该项目提出应根据教育目标评价学生的学习，而非仅仅测量学生水平。评价不仅要报告学生的成绩，更要将学生学习结果与预期目标相对照，要描述学生学习结果与预期目标相一致的程度，从中发现问题并探索改进课程与教学的方案。

第三阶段：判断阶段（约 20 世纪 50 至 70 年代）。随着以目标为依据的评价逐渐深入，人们开始思考评价目标设置的合理性，认为评价不只是根据预期目标对学生学习结果进行描述，人们也需要对预期的课程与教学目标本身进行价值判断。

第四阶段：人本化阶段（约 20 世纪 80 年代至今）。该阶段突出评价中的人文主义精神，强调评价主体与对象的交互作用，提倡二者协商建构评价标准并共同参与评价过程。

放眼当下，小学教育评价的发展主要呈现出整合多种评价方式、激发评价对象主动参与、注重评价的教育功能等趋势。

其一，整合多种评价方式。当前课程与教学评价改革强调量化评价和质性评价结合、模糊评价与精确评价结合、相对评价和绝对评价结合、形成性评价和终结性评价结合、内部评价和外部评价相结合等。随着信息技术的推广与使用，学生学习数据的收集与整合分析可以通过软件平台监测快速完成，如帮助教师记录学生学习时长、作业测评情况及学生问题讨论情况等，这为多种评价方式的整合提供了便利。

其二，激发评价对象主动参与。多方参与、民主协商是评价改进的一个方向。评价对象的主动参与不仅体现在参与他人评价的环节，也体现为开展同伴互评活动，更体现为自我评价的过程。师生可以通过参与评价不断发展自身的评价能力，进而主动、客观地评价自己的教学或学习并改进不足之处。

其三，注重评价的教育功能。以往评价总是作为一种选拔和筛选的手段而存在。当前以及今后的评价更强调评价的反馈功能，注重评价带来的改进课程与教学的功能。

---

① 注：第二阶段与第一阶段时间有重合。

## 三、小学教育评价的功能

根据小学教育功能发挥的形式不同，小学教育评价主要具有检查、反馈、激励、研究、定向、管理等功能。

小学教育评价是检查小学教育工作的重要手段。在评价活动中，评价者根据搜集到的事实信息资料，依据评判标准对评价对象的价值进行科学的判断，衡量其水平状态和达到目标的程度，从而发现问题，总结经验和教训。

小学教育评价可以提供较为丰富而准确的反馈信息，从而促进小学教育工作的改进和完善。评价可以建立起反馈通道，使小学教育活动实现自我调节和良性循环，从而不断提升和发展。

加强小学教育评价有利于激发评价对象的成就动机。小学教育评价往往区分水平高低、评定等级，这些直接涉及评价对象的形象、利益以及荣誉等。因此，评价活动能促使评价对象积极进取，不断努力。

小学教育评价有利于促进小学教育研究活动的开展。同时，评价的结果对于开展研究以探讨与解决小学教育中的种种问题，具有较大的启发作用。

小学教育评价指明小学教育工作的侧重点，对小学教育活动具有定向作用。适时而客观的评价可以使师生明确教学努力的方向。

评价还有利于小学教育管理中的奖励、表扬、批评和指导，有利于考核学校办学水平、教师教学水平和学生发展水平等。

## 四、小学教育评价的类型

☞ 教师资格考试《教育教学知识与能力》笔试考点：了解小学教学评价的基本内容、类型和主要方法。

依据不同的标准，教育评价可以划分为特征不同的若干类型。

### （一）以评价主体为依据的分类

根据评价主体的不同，教育评价可分为内部评价（internal evaluation）与外部评价（external evaluation）。

内部评价是指评价对象作为评价主体对自己的活动进行的评价。内部评价能够激发评价对象的自尊心、自信心，增强其自我评价的意识和能力。内部评价可以披露深层次的信息，揭示问题的本质和成因，帮助评价者及时获得反馈与进行调适。内部评价的缺陷在于缺乏外界参照体系，不便进行比较；主观性强，评价结果可靠程度较低。

外部评价是指评价对象之外的其他主体对评价对象的评价，是一种外部的显性评价。如教育行政部门的检查性、认可性、甄别性评价，督学系统的督导评价，还有专家、同行的评价和社会评价等。外部评价从外部反映评价对象的情况，比较客观，可信度较高，但组织工作颇为繁杂，耗费时间和人力较多。

## （二）以评价标准为依据的分类

根据评价标准的不同，教育评价可分为相对评价、绝对评价与个体内差异评价。

相对评价又叫常模参照（norm-referenced）评价，是依据评价对象的集合来确定评价标准，然后利用这个标准来评定每个评价对象在集合中的相对位置的评价类型。相对评价重视区分个体在群体中的相对位置和名次，适应性强，应用面广，有助于了解个体在群体中的发展状况。但是，其评价结果并不必然表示评价对象的实际水平，体现的只是个体在群体中的相对位置，容易导致激烈的竞争，以致对小学教育教学活动产生负面影响。

绝对评价又叫标准参照（criterion-referenced）评价，是预定一个客观的或理想的标准，并运用这个固定的标准去评价每个对象的评价类型。只要评价过程是科学合理的，那么绝对评价的结果就可以在很大程度上反映评价对象的水平。绝对评价适用于以鉴定资格和水平为宗旨的小学教育教学评价活动。在实际工作中，确保评价标准的稳定性、客观性和准确性，是提高绝对评价科学化水平的关键。

个体内差异评价又叫成长参照（growth-referenced）评价，是对同一评价对象的不同方面或某方面的前后变化进行比较的评价类型。个体内差异评价照顾到了评价对象的个体差异，不会给评价对象造成竞争压力，同时可以综合地、动态地考查评价对象的发展变化。它的缺点在于既没有客观标准，又没有外部比较，很难确定评价对象的真实水平。

## （三）以评价作用为依据的分类

依据评价所起的主要作用不同，教育评价可分为诊断性评价（diagnostic evaluation）、形成性评价（formative evaluation）与终结性评价（summative evaluation）。

诊断性评价，一般是在某些教育活动开始之前所进行的预估性或测定性的评价。其目的是了解和掌握评价对象的基础和情况，为下一阶段工作做准备，为因材施教提供依据。诊断性评价既重视诊断现状，又重视对后续工作的指导。

形成性评价也叫过程评价或过程性评价，是在教育活动中对课程教材编制、教师教学和学生学习的动态状况进行的系统性评价。其目的是及时了解活动的效果，及时反馈信息，以便及时修正，及时调节，及时强化。这种评价意在改进工作，不注重区分等级，而且频率高，一次涉及的内容分量少，评价内容概括性低，常常伴随着各项改进措施等，这些都是形成性评价与终结性评价的区别所在。

终结性评价是在教育活动告一段落时，为了解并确定其最终成果而进行的评价。终结性评价实施的频率较低，评价内容概括性较高。终结性评价着眼于对评价对象的总体认识，其主要目标是评定成绩或等次，作出结论。

## 五、小学教育评价的实施步骤

小学教育评价是衡量学校办学质量、课程开发水准、学生学习过程与效果以及实施教师教学过程与效果的基本措施，需要进行科学的组织实施。小学教育评价的组织一般要经历六个步骤：依据对象，制定标准；制订计划，确定方案；收集信息，整理资料；分析资料，作出判断；形成报告，推广反馈；进行元评价，反思提升。

（一）依据对象，制定标准

进行评价首先要弄清楚评价什么，对谁进行评价，评价的具体项目是什么，然后根据目标制订评价的标准。在不同的教育评价策略或方法中，标准的制订有不同的要求。

（二）制订计划，确定方案

标准确定之后就要制订计划和方案。计划是对整个评价进程在时间上的统筹，而方案则把时间、地点、人员、资源、方法、技术、流程进行组合安排，作为进行评价的基本依据。

（三）收集信息，整理资料

收集有关系统信息、进行事实判断是进行教育评价的重要前提，这些信息包括课程设置、活动组织的情况以及实施教学的资源与条件。有了方案之后，就要开始收集与学习活动相关的各种信息与资料。在收集资料时，要注意考虑先在因素、实施因素和结果因素。先在因素是学习活动的前提条件，指学习进行之前已存在的某种条件，例如学生的态度、已有经验、兴趣等。实施因素指教学中学生与有关的人和事物之间的互动。例如，师生之间、学生之间的交流，班级讨论、练习、测验等。结果因素指教学所产生的全部影响，主要包括学生从教学过程中获得的知识、能力、态度等，还包括教学对教师、管理人员等的影响，以及资料的消耗、教学环境的效益、费用等数据。

（四）分析资料，作出判断

由于小学教育活动是一个非常复杂的过程，有时收集到的资料十分零散，运用质性评价方法得到的资料更是如此。要从那些复杂和零散的资料中获得有价值的东西，就需要运用各种技术对信息与资料进行梳理和分析，得出结果，并作出评判。对评价资料的处理，既可以是量化的统计分析，也可以是质性的文本解读。但无论是哪一种，都要探求学生、教师、课程以及学校发展的真实的、内在的表现，而不是表面的假象。

（五）形成报告，推广反馈

这个步骤就是把上述工作及其成果以评价报告形式，向教育教学决策者、学生和教师提出反馈意见，肯定师生的成绩，指明改进和努力的方向的过程。教育与学习活动的评价报告，应该注重学生、教师、课程以及学校的可持续发展。因此，尽管评价需要一个结果等级或分数，但是更应该反映学生、教师、课程以及学校的动态发展，尤其要体现小学学习活动的价值和学生的进步状况。也就是说，评价报告既是一次学习活动的进程和结果的体现，同时又要成为下一次学习的基础和有机环节。

### （六）进行元评价，反思提升

在评价工作结束的时候，为了使评价工作更加有效，提高今后的评价水平，评价者需要对评价本身进行一次评价。这既是评价者的自我反思和提高，也是使评价工作向着更高水平演进的重要环节。这一过程又称为元评价（meta-evaluation）。

元评价指判断教育评价的价值与效果，即对教育评价的评价。目前，我国对于元教育评价研究尚处于起步阶段。对教育评价进行再评价是亟须推进的课题。评价实际上是价值判断，是客体与主体需要的关系在意识中的反映。作为一种意识反映，评价当然有主观性，有真有假，有对有错。首先，在教育评价中，评价主体与价值主体往往不是同一的，评价主体反映的价值主体的需要与实际上的主体需要有不一致的可能，所以失真的可能性是很大的；即使在评价主体与价值主体同一的时候，由于教育教学中作为价值主体的学生身心尚未成熟，所以常常会因对自身的需要认识得不够透彻而使评价失真。这些是受到评价主体的立场、认识水平和身心状态制约的结果。其次，评价的信息来源也存在是否可靠的问题。信息来源的误差类型，包括采样引起的误差、信息来源的随机误差和系统误差等。因此对教育评价进行再评价是增强其科学性和合理性的必由之路。

关于教育元评价，其内容一般包括：教育评价理论基础、教育评价结构与功能、教育评价方法体系及监控机制等。元评价是小学教育评价的重要环节。元评价的目的在于更好地改善所实行的教育评价，以达到促进其发展的目的。对评价过程不断地再评价，可以使评价者对评价的方法、手段、重点及标准进行调整，对评价所发挥的功能和作用有一个清楚的审视，从而正确反思与不断改进教育评价。

## 第二节　小学教育评价的对象与主体

本节知识点：小学教育评价的对象；小学教育评价的主体

小学教育评价必须明确评价什么、谁来评价两个主要问题。随着社会与教育民主化进程的推进，小学教育评价的对象越来越全面，主体越来越多元。

# 一、评价对象

小学教育评价的对象比较复杂，归纳起来，按评价对象分，小学教育评价主要有管理工作评价、课程建设评价、教师教学评价与学生学习评价等。

## （一）管理工作评价

小学管理工作评价通常要将内部评价与外部评价相结合。内部评价常常将期中检查和期末总结相结合；外部评价，常常与政府教育督导评估相结合。小学管理工作评价主要包括学校发展目标评价、办学条件评价、制度建设评价和校风评价等。

小学发展目标的核心是办学目标，亦即将学校办成一所什么样的学校，其中一项重要的内容是学校的办学特色。评价一所学校的发展目标是否适当、合理，要依据社会的客观需要、学校发展的客观水平、学校办学的客观条件和教育活动的客观规律等方面的状况客观、公正地进行。

小学的办学条件评价主要考查学校办学条件能否保障小学各项教育教学活动的展开，比如，学校的教学设施和设备、教师队伍、学校各种设施的配置和布局、校内外环境。小学生属于未成年人，所以，评价者要特别重视对学校安全意识、举措等的评价。

小学管理工作的评价还包括对学校办学思想、规章制度、组织机构设置、职责分工，等等的评价。

校风是一所学校全体师生和员工在长期的教育教学、管理活动中形成的精神性成果，是学校观念、理想、目标、行为规范共同作用的结果，既包括浅层次的人际关系、思想作风、领导方式等，也包括深层次的学校价值观念、学生学习态度和氛围等。在小学管理工作的评价中，评价者尤其要注重对校风的评估，也就是对学校文化建设的评估。小学发展的一个重要维度就是优质文化的培育。我国日益注重从校风等深层次因素来评价学校管理工作状况与质量。

## （二）课程建设评价

2023 年教育部发布的《关于加强中小学地方课程和校本课程建设与管理的意见》要求"构建以国家课程为主体、地方课程和校本课程为重要拓展和有益补充的基础教育课程体系"。这样做的目的是激发地方和学校课程建设活力，增强课程适应性，实现课程全面育人、高质量育人。课程建设成为小学教育的一个重要的日常工作，也成为学校自我发展的一个重要的机遇和途径。所以，评价者需要对学校课程建设进行相应的评价。

对学校课程建设的评价内容大致包括：学校是否依据国家课程方案和省级义务教育课程实施办法，立足学校办学理念，分析资源条件，对学校课程实施工作作出总体安排并形成课程实施方案？是否对有效实施国家课程、规范开设地方课程、合理开发校本课程等作出全面具体安排？是否明确每个年级开设科目、课时分配、教学组织形式等？是否注重健全课程实施机制，推动各学科、各坏节、各方面力量协同育人？等等。

### （三）教师教学评价

教师教学评价主要包括教师教学过程评价和教学绩效考核。教学过程评价涉及对备课，上课，作业布置、指导与批改，课外辅导等环节的评价。其核心是对"上课"即课堂教学的评价，主要包括对教学目标确定、教学资源开发、教学方法选用、教学过程组织、教学效果测评等项目的评价。

教学绩效评价主要指对教师教学工作成果的评价。教学绩效评价指标通常包括学生的学习习惯与方法、学业成绩、能力发展等。其中，学生的学业成绩一般被看作重要的教师绩效考核指标，主要表现为：考试的合格率、学生的优秀率、学生平均分、学困生的低分率、学困生的学习成绩，等等。

### （四）学生学习评价

学生学习评价不仅关注学生最终的学业成绩，还注重通过评价促进学生的发展与成长。学业成绩评价主要体现在各类考试与测验结果上，通过诊断性和形成性评价则能更有效地帮助学生发现问题，改进学习，从而促进学生的成长与发展。目前还需要关注的是对学生的学习兴趣、学习动机、学习投入和学习策略等进行评价，以便获得相应反馈信息，进而采用有针对性的教育教学改进措施。

教师资格考试《教育教学知识与能力》笔试考点：能够针对小学课堂教学设计和实施进行恰当评价。

案例分析

#### 作业批改和考试制度的改革

○ 案例 ①

传统的作业批改方法是根据对错画"√"或"×"，很直观，也很生硬。学生拿到作业后，看到"×"很沮丧，订正错题也很被动。尤其是那些有学习困难的孩子，好不容易做完的作业，又被教师打上一连串的"×"，这严重影响了他们的学习积极性。就此，教师在平时的批改作业当中，对学生出错的地方不画"×"，而是根据事先跟学生说好的符号对学生的作业进行判定。比如，全对打"√"，并判为100分，且在该作业的号码正上方画一个星号。若第一次没做对，错题用"\"表示，错误处用"冂"标出，根据对错比例，判给一定的分数，然后在该分数处画"→"（如"95→"），表示需订正。如果学生在规定的时间内能主动订正，并且全对，"\"变"√"，"冂"封上口，并打上100分，即95→100，然后在旁边画上一个星号。以上情况，两周总结一次，对第一次全部得星号的学生和改错后得星号的学生，都授予"作业明星奖"，并将详细情况记录、公布在全班的作业明星记录栏。现在，就连潜力生的作业本上也打满了星号，学生的学习热情明显提高，作业写得越来越好，不交作业的现

---

① 张春莉. 走向多样化的评价：小学生学习能力评价的理念、方法与实践［M］. 上海：上海教育出版社，2005：295-299.

象逐渐减少，学生学习成绩也大幅度提高。

除平时作业外，凡在单元或学期末测试中，某一科目考试成绩不理想者均可以申请"重考"，"重考"又分为"即时重考"和"延时重考"。学生在两次考试结果中选择自己认为较理想的一次作为评价结果。同时，凡是平时表现突出、学习成绩优秀或某一方面特别优秀者均可申请"免考"，凡被批准者由学校向家长送喜报。学生的"重考"和"免考"申请提交后，教师、学生、家长协商是否批准。

○ 分析

教师通过改变传统的作业批改方法、建立重考和免考制度等提高学生的学习劲头和学习投入。这些评价创新为每位学生提供了更多的成功机会，释放出学生的学习潜能，激发起学生强劲的学习动力，也使学生更加自信。

## 二、评价主体

小学教育评价主体呈现出多元化的发展趋势，评价主体大致包括学生、教师、专家学者、教育行政部门以及家长和社会人士等。

### （一）学生

微课：小学教育评价的主体

学生应当成为积极的评价者。学生不仅要自主设计和主动参与学习活动，而且要积极参与教育评价；不仅要评价自己的学习情况，而且要评价教师的教育教学活动。有人可能担心，小学生年纪小，在评价中不能发挥积极作用。事实上，只要精心组织和指导，小学生完全可以参与到教育评价中来，为教育评价提供鲜活的资源和信息。学生参与教育评价，既能为师生提供有价值的资料，还能培养学生的自主意识、能动性和独立性，更能让学生领会到作为学习者必须作出关于学习水平和学习意义的评价。

学生评价可以是个体对自己的评价，也可以是小组集体对个体以及对集体本身的评价。这是由当今小学学习的合作与协作特性决定的。当然，小学生参与教育评价目前发展仍不成熟，我们需要通过研究和实践，探索其基本原理和有效方法。

### （二）教师

教师作为小学生学习活动直接的、经常的合作者、督导者和指导者，是小学生取得学习成果的有力保证。教师参与到小学教育评价中来，可以在评价的过程中起到多种作用。教师作为小学教育评价主体，既参与学校管理工作评价，也参与课程建设评价，还会进行自我评价，但主要是进行学生学习评价。教师可以观察、记录学生学习的成败与经验教训，可以了解学生参与各种学习活动的感受与体验，可以对自身参与小学教育教学的感受进行反思，可以以作业和测验为工具来诊断学生的学习状况、评定学生的学习成绩。

教师参与教育评价既是小学教育发展的必然要求，也是教师专业发展的有效途径。教师通常被认为是小学教育评价工作的主要参与者和全程参与者，在评价中发挥着不可替代的作用。

值得一提的是，校长是"特殊的"教师。小学实行的是校长负责制，相应的评价活动有校长的积极引领、支持和参与，成效将更为显著。如果校长具备了"促进学生的学"及"优化教师的教"的评价理念，那么校长将重视教与学的领导。因此，校长作为评价主体的理念和参与行为等都值得重视。

### （三）专家学者

小学教育正逐渐朝着专业化方向行进，专业化的教育教学活动需要配套一定的专业化评价体系与评价进程。因此，专家学者理应在评价中发挥作用。专家学者通常作为小学教育教学活动的合作者进行观察，是小学教育评价的必要支持者。因为校外评价顾问来自本校之外，所以其评价结果更具有客观性和真实性。

### （四）教育行政部门

在我国，小学教育以公办小学为主，主要受教育行政部门管理。在小学教育评价中，教育行政部门通过办学条件评估、教学督导评估、学校绩效评估等，调控着小学教育的整个过程。

### （五）家长和社会人士

家长和相关的社会人士是小学学习共同体的重要成员，是小学学习化社区的重要资源和合作伙伴。家长和相关的社会人士可以站在自己的立场，对小学教育作出一定的评价，他们总是以各种形式参与到小学教育的各项评价中，是小学教育评价主体的重要成员。

## 第三节 小学教育评价的模式与方法

本节知识点：小学教育评价的模式
本节技能点：表现性评价和档案袋评价

不同的评价对象和评价主体需要与之相适应的评价模式和评价方法，这样才能真正发挥教育评价的作用。

## 一、评价模式

长期以来，人们创造了许多有效的教育评价模式，其中影响较大且对小学适用性较强的，主要有行为目标模式、改良导向模式、目标游离模式和对手模式。

### （一）泰勒的行为目标模式

20世纪三四十年代，美国教育家泰勒提出了行为目标模式，行为目标模式至今仍然在教育评价中发挥着重要作用。泰勒认为，首先要把教育的总目标转化为可测量的学生行为目标，根据行为目标编制课程、编写教材和进行教学，然后根据行为目标对课程、教材和教学进行评价。这种以教学目标为依据来设计与实施评价的模式，被称为教育评价的行为目标模式。这一模式强调目标在教育评价中的首要地位，目标是依据，并且是判断教育教学活动的标准。这里的目标是用学生的行为特征来表征的，是外显、可观察、可测量的。

### （二）斯塔弗尔比姆的改良导向模式

斯塔弗尔比姆（Stufflebeam，D. L.）通过反思和批判行为目标模式，先提出了教育评价的决策模式，之后改进为改良导向模式。他认为，教育评价不应局限于目标达到的程度，还要评价目标达到的背景、条件和过程，从而为教育决策者提供更加全面的信息。改良导向模式不同于以目标作为中心的泰勒模式，而是把决策作为评价的中心。改良导向模式的基本观点是：评价最重要的目的不在证明而在改进。改良导向模式是对教育教学活动项目从形成、实施到结果的全面评价，由背景评价（context evaluation）、输入评价（input evaluation）、过程评价（process evaluation）、成果评价（product evaluation）等四类评价组成。人们通常以这四类评价的第一个英文字母为名，将这种模式简称为CIPP模式。

背景评价具有诊断性，主要是检视社会要求与对象的实际情况，以确定原有工作目标是否恰当；输入评价是在对原有目标修正后，对目标所需要的并能达到的条件进行评价，以确定目标达到的可行性；过程评价是在评价方案实施中，获得信息反馈，进行及时处理和改进；成果评价是将教育工作目标也列为评价对象，重点在于判断目标的达成程度，并将评价贯穿教育工作的全过程。

### （三）斯克里文的目标游离模式

改良导向模式仍然是基于目标的，没有考虑到教育过程中必然存在的非预期结果。基于这种反思，斯克里文（Scriven，M.）提出了目标游离（goal free）模式。他认为，教育评价不能仅限于评价教育目标的达到程度，还应当考虑教育过程中产生的非预期结果，这种非预期结果有时是非常突出的。教育评价不仅要对照决策者的意愿来检查效果，还要收集民意，考察实际工作取得的效果。这一评价模式打开了评价者关注的视野，更具有真实性，也具有民主色彩。不过这一模式不能极端运用，即撒开目标去找所谓的实际效果。

### （四）欧文斯的对手模式

欧文斯（Owens，T.）在 20 世纪 70 年代初期借鉴法庭判案控辩对手的做法，提出了教育评价的对手模式。这种模式强调在确定重大决策之前，听取两种截然不同的观点，并特别重视反对者的意见。它通常由评价者决定问题，由观点不同的两方评价人员进行辩论准备，最后经过听证，形成结论。这一评价模式经常被用于评价那些争议较大的工作或活动。

在小学教育评价中，评价者可以参照的教育评价模式很多。除以上介绍的四种模式之外，还有落差模式、应答模式、自然式探究模式以及费用－效果分析模式等。它们都各有自己的适用目的和情境，具有重要的借鉴意义。

**学习
活动**　请选取一种教育评价模式，为其制作一份"个人简历"，并在班里以生动的形式加以介绍。

　　教育评价模式的"个人简历"内容可包括：姓名（即该评价模式的名称），照片（该模式的形象呈现），家族渊源（该模式的代表人物、产生背景和指导思想等）及性格特征（该模式的基本特征和主要观点等）。

## 二、评价方法

在小学教育评价中，比较常用的评价方法有测验、表现性评价和档案袋评价等。

### （一）测验

测验是考核与评定学生学习情况的一种常见方式。测验题型包含客观题与主观题。客观题评分简单，比较适合考查识记和了解等方面的学习目标达成情况。主观题能够反映学生的思考过程，更适合考查分析、应用等方面的能力目标达成情况。一份学科试题通常包含多种题型，分值占比有所不同。

过去人们通常采用测验来评价小学生的学习情况，后来，为了克服测验的局限性，出现了表现性评价和档案袋评价。

### （二）表现性评价

《义务教育课程方案（2022 版）》提出要"注重动手操作、作品展示、口头报告等多种方式的综合运用，关注典型行为表现，推进表现性评价"。表现性评价主要是指评价者通过观察学生完成实际任务时的表现，并结合相应评价标准来对学生的水平进行评价。其中，设计表现性任务是表现性评价的一个关键。表现性任务主要是能让学生表现或展示其知识与技能掌握情况、与人合作的能力、创新能力等的实践性学习任务。

面试考点：能够采用恰当的评价方式对学生的学习活动作出反馈。

### 1. 表现性任务的类型

表现性任务主要有以下几种类型。

（1）演示。学生借此可以展示其能够使用知识与技能等来完成一项定义良好的复杂任务，如演示如何在网上查询和收集信息等。

（2）口头表述和角色扮演。口头表述类的表现性任务能够反映和培养学生的口头表达能力、逻辑思维能力和语言概括能力，主要方式有演讲、辩论和朗诵等。角色扮演将口头表达、展示与表演等综合在一起。例如，学生基于对小说或历史人物的理解，通过扮演角色来展现人物立场和性格。

（3）模拟表现任务。这是为了反映学生在真实情境中的表现，局部或全部模拟真实情境而设立的表现性任务。一般来说，在完成模拟表现任务时，学生的综合素质可以得到较好的表现。学生在模拟情境中所展示出来的技能和能力，是其在未来真实情境中作出表现的一种准备。

（4）实验与调查。实验与调查类的表现性任务可以用来评价学生是否运用了适当的探究技能与方法，是否形成了正确的观念框架，以及对所调查对象是否形成了一种理论性的、基于学科知识的解释。学生应在开始收集数据前进行估计与预测；而后收集、分析数据，展示分析的结果；在所收集证据的基础上得出结论并进行论证；最后有效地交流实验与调查的结果。

（5）创作作品。创作作品类的表现性任务包括让学生创作一首诗歌或一幅画、写一个具有创造性的小故事等。为完成这类任务，学生不仅要拥有相应知识与技能的储备，而且要有较强的表现欲望、丰富的想象力以及一定的冒险精神。

（6）开展项目。项目类的表现性任务可以用来评价学生综合运用知识的能力。项目可以由学生独立完成，也可以小组合作完成。学生个人项目的结果可以是一件科技作品、一项收集成果（如收集剪报并分类）等。小组项目要求两个或两个以上的学生一起合作完成，主要用来评价学生是否能够合作完成高质量成果，如完成一份项目报告等。

### 2. 表现性任务的设计要求

设计表现性任务应注意以下几点：

（1）表现性任务与评价目标匹配。表现性任务是为实现评价目标服务的，因此，表现性任务的设计要能够让学生展现出所要考查的表现过程与学习结果，以便评价者收集到有关学生学习成果的适宜证据。

（2）表现性任务与学习内容匹配。表现性任务主要用于评价通过纸笔测验难以检测的认知、情意和社会互动等方面较为复杂的学习结果。对一些简单的知识掌握情况的评价，评价者可以优先选择其他方式。

（3）设计生活化的任务情境。评价者设置任务情境时，要考虑能够引发学生的表现、激发学生的兴趣，且要符合学生的发展水平，能够帮助学生跨越知识与现实世界、现实生活之间的鸿沟。

（4）设计学生易于理解的任务指导语。好的表现性任务要有清晰、明确的指导语，使学生明确评价的要求和目的。含糊的任务指导语会导致学生产生与评价目标不一致的行为，影响评价的可靠性。[①]

（5）可以参考GRASPS框架设计表现性任务，包括目标（goal）、角色（role）、对象（audience）、情境（situation）、表现或产品（performance/product）和标准（standards）。[②] 具体内容参见表9.1。

表9.1 表现性任务设计的参考框架GRASPS

| 组成要素 | 内涵 | 设计提示 |
|---|---|---|
| 目标<br>（G） | 学生的任务是什么 | 你的任务是……<br>目标是……<br>困难和挑战是……<br>需要克服的障碍是…… |
| 角色<br>（R） | 学生在任务中的身份 | 你是……<br>你被要求去……<br>你的工作是…… |
| 对象<br>（A） | 学生在任务中服务的对象 | 你的"客户"是……<br>要服务的对象是……<br>你需要说服…… |
| 情境<br>（S） | 任务发生的情境，在此情境中学生需要解决哪些问题、面临哪些挑战或完成哪些任务 | 你发现你所处的情境是……<br>你面临的挑战包括…… |
| 表现或产品<br>（P） | 判断学生是否达成目标的证据，包括：书面形式的实验记录、实验报告等；口头形式的演讲、讨论等；其他展示形式，如图表、演示文稿等 | 你会创造……<br>你需要展示…… |
| 标准<br>（S） | 对任务表现进行评估的标准 | 你的表现需要……<br>你的工作需要通过……来评判<br>你的产品必须符合以下要求…… |

### 3. 表现性评价的实施步骤

实施表现性评价主要包括确定评价目标、设计表现性任务、制订评价标准、完成表现性任务并收集表现信息、评定学生的水平以及运用评价结果改进教与学等环节。

（1）确定评价目标。表现性评价目标应根据课程与教学目标、内容及学生的实际情况来确定。比如，进行作文评价时，可以从以下几个方面确定评价目标：作文内容（观点、情感、材料），作文形式（结构层次、语言），写作思维（敏捷性、流畅性、创造性等），书写要求（是否工整、整洁），写作态度（是否认真、按时完成），写作习惯（审题习惯、拟提纲的习惯、修改习惯等）。[③]

---

[①] 格朗伦德. 教学中的测验与评价［M］. 国家基础教育课程改革"促进教师发展与学生成长的评价研究"项目组，译. 北京：中国轻工业出版社，2003：184−186.

[②] 威金斯，麦克泰格. 追求理解的教学设计：第2版［M］. 闫寒冰，宋雪莲，赖平，译. 上海：华东师范大学出版社，2017：177.

[③] 李玉芳. 多彩的学生评价［M］. 北京：教育科学出版社，2009：156.

（2）设计表现性任务。首先，进行任务分析，即分析学生的已有基础，明确学生要达成相应的学习结果将要经历的主要过程。其次，设置任务情境，即设计实施表现性任务的条件和场景。再次，撰写任务指导语，即给予学生完成任务的必要提示。最后，修改完善，要检查任务情境、任务指导语与评价目标的一致性等，并对发现的不足作出相应调整。

（3）制订评价标准。评价标准的制订要始终围绕学生的表现，保证评价的全面性和客观性。评价标准的制订要做到以下三个方面：一是评价标准要体现出对学生表现的过程性评价，贯穿学生整个表现性任务完成过程；二是评价标准不能太高或太低，应体现发展的连续性和进阶性，能引领学生的表现逐步由低一级水平向高一级水平发展；三是评价标准的制订要从实际情况出发，需要先对表现性任务进行分析，了解构成表现成果的每个细节行为是什么，将关键的表现行为列出，以便进行观察和判断。

（4）完成表现性任务并收集表现信息。根据评价安排，被评学生通过完成表现性任务来展现自己的综合能力。教师要根据评价标准，观察和记录学生在任务完成过程中的表现，系统收集学生学习的关键信息以便进行分析并作出判断。

（5）评定学生的水平。教师对收集的学生表现信息进行分析，运用评价标准评定学生所处的水平。

（6）运用评价结果改进教与学。教师根据评价结果改进自己的教学活动，同时给学生提供反馈并指导学生改进自己的学习活动。教师对学生的反馈不能仅仅是分数或等级，而是要针对学生在任务完成过程中的表现提出具体的改进建议或基于评价标准生成个性化学习报告，帮助学生知道自己的优势和不足，明确接下来努力的方向和路径。而且，教师要特别注意引导学生开展自主反思。

4. 表现性评价的优势与不足

表现性评价的优势主要有四点：一是它强调在模拟真实或完全真实的情境中运用所学的知识与技能等解决实际问题，反映的是学生问题解决与学习的真实面貌；二是它能够给学生创建有意义的学习情境，让学生能够自主选择任务方案甚至自己支配时间，有利于增强学生的学习兴趣，提高学生的参与热情；三是它适用的范围较为广泛，对于学生的知识、情感以及复杂的能力都可以进行评价，能够较完整地反映学生完成任务的过程与结果；四是它对学生的思考过程与学习方式等能够作出恰当的评价，并能找出导致学生学习差异的主要因素，有利于改进课程与教学。

表现性评价的不足主要有两点：一是表现性评价的设计和实施较为耗时。从表现性任务的设计到评价标准的制订都比较花费时间，而且依据评价标准对学生表现作出评价的过程也较为烦琐。二是表现性评价对教师的要求较高。设计出较好的表现性任务并保障评价的信度和效度都有一定的难度，教师需要专门研习相应的评价原理与技术并通过具体的评价实践来不断增长经验。

### （三）档案袋评价

档案袋评价是指有目的地汇集学生作品及对作品的反思记录，以便反映学生在特定课程领域的发展历程、重要成果及相应的努力、进步或成就。

#### 1. 档案袋内容的要求

档案袋的英文名称是portfolio，有"代表作选辑"之义。最初使用档案袋评价这种方式的是画家和摄影家，他们为了特定的目的将自己有代表性的作品汇集起来，以便向他人展示。自档案袋评价在学生学习评价领域兴起以来，人们虽然对档案袋评价的看法不太一样，但对档案袋内容的要求是较为一致的，主要有以下几点[①]：

（1）档案袋里的基本内容是学生的成果。成果主要包括作业、学习心得、反思材料、小组评价、教师建议等，可以以文字、图像或实物形式展示。

（2）档案袋里的内容是经过选择的。不是任何东西都可以放进档案袋的，评价者要重视收集体现学生发展的作品样本等证据，即档案袋中的内容要能够反映标志性的事件，要能够展示学生的进步状况。而且，档案袋的内容设置要有一定的结构（图9.1是一份小学生成长档案袋目录单样例），能体现经过周密思考的评价目标和评价任务等。教师和学生可以根据实际情况，设置相应的档案袋内容结构。

```
1. 这就是我(具体且个性化的自我介绍) —— 自我认识
2. 我的奋斗目标(根据自我实际设计个别化的每学年目标) —— 自我目标
3. 我的学习(学习的发展状况、自我诊断与课外学习值得记录的内容) —— 自我评价
4. 我的社会实践及参加的各种活动(参加各种社会活动的记录) —— 自我评价
5. 我长大了(如：一件难忘的事) —— 自我评价
6. 我真行(展示各种成绩、作品、制作、奖状等) —— 自我赏识
7. 同学眼中的我(同伴的观察与评价) —— 他人评价
8. 家长眼中的我(家长信息) —— 他人评价
9. 老师眼中的我(教师与学生的交流) —— 他人评价
10. 我想说的话(对学校、班级、老师) —— 自我创新

(每个班级中的每位学生都可以设计有个性、富有童趣的、有创意的栏目。)
```

图9.1 小学生成长档案袋目录单[②]

（3）档案袋的内容要有真实性。档案袋的内容必须是真实的，不能弄虚作假。这也是使用档案袋评价的基本前提和保证。

（4）档案袋的内容要有个性。档案袋的内容不能千篇一律，是经过反思之后选择的最能代表学生学习水平与进步过程的内容，能展示学生的个性特长。

（5）收集档案袋内容的过程要成为学生的反思过程。将收集材料的活动转化为有意义的学习经历，为学生的学习与成长提供了重要契机。

---

① 胡中锋，李群. 学生档案袋评价之反思 [J]. 课程·教材·教法，2006（10）：34–40.
② 陈丕君. 小学生成长档案袋评价的应用与思考 [J]. 上海教育科研，2007（3）：57–58.

### 2. 档案袋评价的实施步骤

档案袋评价通常包含三大实施步骤，分别是建立档案袋、制订档案袋评价工具、利用档案袋展开评价。以小学作文标准产出型档案袋评价为例，其实施步骤具体如下：第一，建立作文档案袋。首先，教师先介绍档案袋制作的意义、方法以及作文写作的目标，帮助学生认同档案袋评价这种方式，并在学习目标的指引下根据自己的喜好制作多种多样的档案袋。其次，收集档案袋的内容。如学生课内习作、家长感言、评价荣誉表等。第二，制定作文档案袋评价工具。根据课程标准中的有关要求，确定评价的维度与指标，如是否乐于表达情感、自信心是否提高，以及在写作内容、方法及表达等方面是否进步，在此基础上，研制评价标准表。第三，利用档案袋进行评价。教师、家长、学生一同参与评价。①

### 3. 档案袋评价的优势与不足

档案袋评价和其他评价方式相比，具备多种优势：一是档案袋评价弥补了传统考试片面性和单一性的不足，强调评价与教学的有机结合，强调学生的学习过程评价，强调学生的参与，表现出强大的生命力；二是档案袋评价注重师生"实践—反思—发展"的过程，可以为课程与教学设计提供重要的资源与素材，促进教学与评价的有机结合，有利于师生自我评价与反思能力的培养，可以有效促进教师成长和学生发展；三是让教师、学生和家长自主参与评价，可以调动家长资源，端正学生的学习态度，让学生享受到学习的乐趣、成功的喜悦，也为学生的发展创设了良好的环境。

档案袋评价还存在一些不足：一是师生设计档案袋内容与结构、收集和整理档案袋材料的能力以及参与档案袋评价的积极性存在一定差异，培养每一位师生的主动参与意识、调动每一位师生的积极性是一项十分具有挑战性的任务；二是，档案袋的制作很烦琐，评价者需要收集的内容多，对内容的选择、整理和分析都会花费其大量的时间，而且对其专业水平也提出了较高要求。

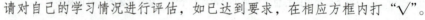

## 学习评估

第九章试题

请对自己的学习情况进行评估，如已达到要求，在相应方框内打"√"。

☐ 我已理解小学教育评价的含义、功能与类型。

☐ 我已了解小学教育评价的实施步骤。

☐ 我已了解小学教育评价的历史发展。

☐ 我能回答小学教育评价涉及的"评价什么""谁来评价""怎样评价"这三大问题。

☐ 我已理解小学教育评价的主要模式。

☐ 我已感悟到表现性评价与档案袋评价对促进学生学习的重要性，并掌握了相应的实施步骤。

① 朱琦，何敏. 小学作文教学中"档案袋评价"的研究 [J]. 当代教育科学，2009（18）：32-34.

## 扩展阅读

请利用课余时间阅读以下文献，并做好读书笔记。

1. 胡中锋. 教育评价学［M］. 4 版. 北京：中国人民大学出版社，2023.

该书共三篇。第一篇是教育评价的基本原理，介绍了教育评价的种类与发展阶段、教育评价方案的编制与实施、教育评价心理与调控。第二篇是教育评价方法，涉及量化评价法和质性评价法。第三篇是各类基础教育评价，包括教学工作评价、课程评价、教师评价、学生评价、学生品德评价、学生劳动教育评价、学校体育评价、中小学学校评价、学校美育评价和增值性评价等。该书能帮助教师掌握教育评价的基本原理与主要方法。

2. 曾文婕. 学习为本评估论［M］. 北京：人民教育出版社，2023.

该书共九章。第一章"学习为本评估的概念论"，梳理评估范式的演变，区分"评估"与"评价"以及"学习为本"与"分数为本"等概念，进而厘清学习为本评估的含义。第二章"学习为本评估的价值论"，将"促进学生学习"作为评估领域核心的价值取向和主导的实践诉求。第三章"学习为本评估的主体论"，建构"善评者善教"和"善评者善学"的学本评估主体观。第四章"学习为本评估的内容论"，基于整体主义学习观提出涵括认知、情意、社会互动和自我调节四个维度的评估内容。第五章"学习为本评估的媒介论"，探明符号媒介的心智形塑原理和交互连接原理以及社会媒介的经验融合原理。第六、七、八章为"学习为本评估的方式论"，分别阐述学习段评估、学习性评估和学习化评估三大评估方式。第九章"学习为本评估的策略论"，探讨学习为本评估融入教学的策略、基于学习为本评估的师生教学创新策略，以及推动育人方式改革的学习为本评估策略。

3. 查普伊斯. 促进学习的课堂评价：做得对　用得好：第 2 版［M］. 赵士果，译. 上海：华东师范大学出版社，2021.

该书解析了优质课堂评价的七条有效策略，同时呈现了课堂评价的方法、工具、示例、步骤、指南以及教师反思自身评价活动的小故事，并设计了与评价策略相关的练习活动。通过阅读本书，教师能找到适合自己的、正确的评价策略。

## 反思·探究·对话

请分小组讨论"如何在自己未来任教学科中应用表现性评价促进学生学习"。可以收集文献来拓展认识，或者开展调查获取灵感，或者回忆自己多年的学习经验中有没有类似表现性评价的经历并创新性地转化运用。

# 主要参考文献

［1］陈桂生. 学校教育原理［M］. 增订版. 上海：华东师范大学出版社，2012.

［2］陈晓. 卓越型名牌学校文化建构的行动研究：以广州市越秀区东风东路小学为例［M］. 广州：广东教育出版社，2016.

［3］杜威. 学校与社会·明日之学校［M］. 赵祥麟，任钟印，吴志宏，译. 北京：人民教育出版社，1994.

［4］赫尔巴特. 教育学讲授纲要［M］. 李其龙，译. 北京：人民教育出版社，2015.

［5］李鹏程. 当代文化哲学沉思［M］. 北京：人民出版社，1994.

［6］梁歆，黄显华. 学校改进：理论和实证研究［M］. 上海：华东师范大学出版社，2010.

［7］卢梭. 爱弥儿：论教育：上卷［M］. 李平沤，译. 北京：商务印书馆，2017.

［8］洛克. 教育漫话［M］. 2版. 傅任敢，译. 北京：教育科学出版社，2014.

［9］乔纳森，兰德. 学习环境的理论基础：第2版［M］. 徐世猛，李洁，周小勇，译. 上海：华东师范大学出版社，2015.

［10］舒飒. 心智、脑与教育：教育神经科学对课堂教学的启示［M］. 周加仙，等译. 上海：华东师范大学出版社，2013.

［11］斯宾塞. 斯宾塞教育论著选［M］. 2版. 胡毅，王承绪，译. 北京：人民教育出版社，2005.

［12］苏霍姆林斯基. 给教师的建议［M］. 修订版. 杜殿坤，编译. 北京：教育科学出版社，1984.

［13］苏泽. 人脑如何学数学［M］. 赵晖，等译. 上海：上海教育出版社，2019.

［14］陶行知. 陶行知文集［M］. 太原：山西教育出版社，2021.

［15］涂尔干. 道德教育［M］. 陈光金，沈杰，朱谐汉，译. 上海：上海人民出版社，2006.

［16］谢维和，李敏. 小学教育原理［M］. 北京：高等教育出版社，2021.

［17］核心素养研究课题组. 中国学生发展核心素养［J］. 中国教育学刊，2016（10）：1-3.

［18］扈中平. "人的全面发展"内涵新析［J］. 教育研究，2005（5）：3-8.

［19］黄甫全. 让学校成为学习的天堂：校本学习研究引论［J］. 教育发展研究，2008（10）：37-42.

［20］江琦，纪婷婷，邓欢，等. 道德判断的认知神经科学研究进展及其对中小学道德教育的启示［J］. 教育发展研究，2012，32（22）：64-69.

［21］刘希娅. 变革学习方式　构建学校高质量育人生态［J］. 人民教育，2023（19）：51-53.

［22］斯苗儿. 小学数学"三段十步"改课的教研范式探析［J］. 课程·教材·教法，2020，40（9）：81-87.

［23］吴康宁. 为什么学校会对学生的发展不负责［J］. 教育研究，2007（12）：21-25.

［24］曾文婕，龚雪霜. 基于评估标准的素养导向课堂教学创新［J］. 湖南师范大学教育科学学报，2023，22（2）：56-62.

［25］曾文婕. 德育研究科学化何以可能：来自神经科学的启示［J］. 教育研究，2021，42（7）：94-102.

［26］曾文婕. 试析教学领域的文化错位［J］. 教育发展研究，2010，30（4）：36-40.

［27］张小丽. "德育""智育""体育"概念在近代中国的形成考论［J］. 教育学报，2015，11（6）：107-114.

［28］周加仙，王豫笛，陈天宇，等. 教育神经科学视角下小学汉字学习的教学设计与运用［J］. 上海教育科研，2023（8）：6-14.

## 郑重声明

高等教育出版社依法对本书享有专有出版权。任何未经许可的复制、销售行为均违反《中华人民共和国著作权法》，其行为人将承担相应的民事责任和行政责任；构成犯罪的，将被依法追究刑事责任。为了维护市场秩序，保护读者的合法权益，避免读者误用盗版书造成不良后果，我社将配合行政执法部门和司法机关对违法犯罪的单位和个人进行严厉打击。社会各界人士如发现上述侵权行为，希望及时举报，我社将奖励举报有功人员。

反盗版举报电话 （010）58581999  58582371

反盗版举报邮箱　dd@hep.com.cn

通信地址　北京市西城区德外大街 4 号

　　　　　高等教育出版社知识产权与法律事务部

邮政编码　100120

## 读者意见反馈

为收集对教材的意见建议，进一步完善教材编写并做好服务工作，读者可将对本教材的意见建议通过如下渠道反馈至我社。

咨询电话　400-810-0598

反馈邮箱　gjdzfwb@pub.hep.cn

通信地址　北京市朝阳区惠新东街 4 号富盛大厦 1 座

　　　　　高等教育出版社总编辑办公室

邮政编码　100029